你一生必學的五大財務規畫

全方位理財的
第一堂課

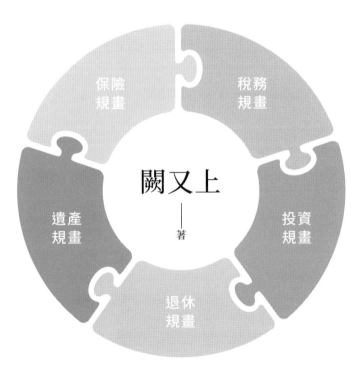

保險
規畫

稅務
規畫

遺產
規畫

闕又上
——
著

投資
規畫

退休
規畫

目次
CONTENTS

Part 2　全方位理財的普通常識

Part 3　保險規畫

Part 4　稅務規畫

Part 5　投資規畫

寫在最後

推薦序

又上之眼，凝望人間

楊斯棓

「金錢像什麼？」

拿這個問題就教同儕或長輩，若答題者毫不保留的誠心作答，可以藉此一窺對方的金錢智慧。

「錢很俗氣，我不談錢。」

「錢乃身外之物。」

「錢，夠用就好。」

有些答案，擺明在迴避問題。有些答案，像打安全牌，在任何場合脫口，雖沒新意，也不至於得罪人。

「金錢就像馬匹，如果持續擁有駕馭對應馬匹數的能力，將一生奔馳；如果只擁有駕馭 3 匹馬的能力，前面卻有 5 匹馬在跑，那隨時會翻車！」

這是我的答案，我曾分享給幾位財經作家，他們多給予正面肯定，闕老師也是其中之一。

我曾邀請闕老師到台中米其林餐盤推薦餐廳「銘心割烹」用餐，那晚暢聊，堪稱是人生中最快樂的夜晚之一。

金錢像馬匹，
能管多少錢就像能駕馭幾匹馬

繼續延伸剛剛的比喻。如果一個住院醫師月入 10 萬，管好這 10 萬塊，是他該自我鍛鍊的能力。

如果我們把 1 萬當做 1 匹馬，管好這 10 萬塊，好比駕馭 10 匹馬的能力。

這容易嗎？其實不容易。

收入驟然跳到 10 萬元的住院醫師，很可能開始想要犒賞自己，買一台 Harman Kardon 的音響，以前的遙不可及，現在不過像在呼吸。

收入 20 萬元的主治醫師，犒賞自己已是常態，牽一台 Tesla Model S 也不足為怪。

但到了月底會發現，存錢怎麼這麼難，到了月底，居然一匹馬都沒得管。

上述之例還是當事人有享受到的，更慘的例子是長輩發現「苦主」變得會賺錢，要求貸款買一間社區有泳池的大四房，然後長輩自己住進去。客氣一點的長輩，還會留間客房給「苦主」。

克制欲望的能力、拒絕情緒勒索的能力和駕馭金錢的能力，其實彼此連動。

升米恩，斗米仇

家父摯友 G 曾有一段驚險的親身經歷。

G 的姐夫 H 畢業自國立大學化工系，曾任職台灣某化工廠廠長。

考量子女教育問題，數十年前，H 決定舉家移民美國，移民前賣掉房子，總共帶了台幣 1,000 萬元到美國，想不到短短三年，錢已用罄。

H 有幾位手足，早他幾年移民美國，經濟穩固。

H 雖是化工系畢業，但當時在美國並不容易找到得以一展長才的工作，將斷炊之際，臨時郵差的工作，也只能先接下以養家。

H 跟手足求援，手足口徑一致地說：「我們幾兄弟幾年前就已經分產，一人一家代，沒有餘糧外援。」

心灰意冷之際，H 想到了 G。

H 從所剩不多的存款中，硬是提款幾萬塊買了張機票回台，聲淚俱下地跟 G 說：「請你幫助我 200 萬，如果你幫助我，我就會對你姐姐很好。」

G 念及姐弟情而心軟，深怕若不伸出援手，可能影響姐姐婚姻，還自行腦補姐姐在異鄉被家暴孤立無援的場景。

G 就這麼一次又一次地資助 H 很多個 200 萬。

H 把從 G 手上一次又一次拿到的錢，陸續買了地，蓋了工廠，買了設備，生意漸上軌道之際，經常得意忘形地在公開場合說「G 的錢很好騙，還不用還」，有旅居台美兩地的朋友氣不過，找機會錄下 H 的得意忘形，將錄音帶寄回台灣，G 才恍然大悟，驚覺 H 對他姐姐毫無感情，對舅子的幫助吃乾抹淨。

G 當時又氣又急，也不知道該怎麼辦，除了蓋工廠的資金已經注定拿不回來外，還有 1,000 多萬台幣被 H 以「幫你投資」為名，存在 H 的戶頭。

H 所在之城市，有一位在政壇及商業界都極具分量的 C 先生，H 害怕名人跟有錢人，尤其害怕有錢的名人。

就是那麼巧，有人把 C 介紹給 G。

C 非常敬重 G 的醫學專業以及長年對慈善機構疏財仗義，拍胸脯允諾會解決 G 的難題。

C 一通電話打給 H，告知：「G 在你那邊暫放的 1,000 多萬，現在要轉出來，換成投資我的公司，請你即刻跟我的律師聯繫，盡速辦妥。」

H 極度害怕 C 的威望，1,000 多萬也確實是來自 G，再不情願，也只得把錢轉帳出去。

轉帳出去後，H 茶不思飯不想，H 的太太，也就是 G 的姐姐還傳訊給 G 說：「你姐夫對於轉帳 1,000 多萬出去，

有很強烈的失落感。」

G 這時已經醒了，即使察覺姐夫對姐姐不甚好，基本上姐姐跟姐夫是一個「共犯結構」，G 很明確地告訴姐姐說：「那是我的錢，他憑什麼有失落感！」

長達很多年，G 都無法理解為什麼 H 恩將仇報，如果不是有幸遇到貴人 C，那 1,000 多萬絕對也石沉大海。

G 沒想通的答案，其實就是闕老師書上說的：「理財需要普通常識」。

G 對 H 心軟，被情感綁架而有一連串的決策錯誤，其實就是缺乏一個「升米恩，斗米仇」的普通常識。有個版本的解釋如下：「當人快被餓死的時候，你給他 1 升米，他會把你當作恩人；但如果給他一斗米，他可能會想，既然你出得起 1 斗米，就該給我更多……」

台語諺語還有一句「親戚莫交財，交財斷往來」，跟「升米恩，斗米仇」異曲同工。

🔍 克制自己物欲，不被情感綁架之後的課題

好不容易賺來的工作所得，第一個課題就是該學習克制自己欲望，不要任由金錢流向自己的欲望。第二個課題

則是該學習拒絕情感綁架，不要任由金錢流向親戚們的欲望（或窟窿）。第三個課題，闕老師這本書要教我們，該怎麼思考，安排剩下的錢。

從闕老師歷來大作中不難嗅出，老師不斷向三個人致敬：巴菲特、蒙格、柏格。讀遍闕老師著作的讀友，也應循線讀完巴菲特、蒙格、柏格的著作。

我特別欣賞闕老師書中透露的三個提醒：

1. 學習用「從出生到往生」的時間軸，思考自己的金錢課題。
2. 保險、稅務、投資、退休、遺產等五大規畫彼此連動。若一子錯，滿盤皆落索。
3. 重視節稅，每一塊我們有權利爭取的錢，都不應該忽視。

最後，出一道題目給各位。

坊間老是有人推課「學巴菲特投資」，那我們為什麼不直接買 brk.b（巴菲特的波克夏 b 股）就好？

我完全同意，不是每個人在所有年紀都適合買 brk.b。但如果你剛好在適合買 brk.b 的年紀，卻沒有直接買 brk.b，反而付給某甲一筆錢，這筆錢因為手續費或管理費已經七

折八扣，剩下的錢，其投資結果還遠遜直接買 brk.b，痛定思痛想認賠殺出之際，還遇到某甲跑路，投資全額歸零。

你以為不會發生嗎？

過去幾年的台灣，其實已經發生好幾次了！

（本文作者為《人生路引》作者）

五大整體財務規畫，
是「以終爲始」的體現

洪培芸

　　爲何理財？投資的終極目的是什麼？你想過嗎？而且想得透徹嗎？說到底，是爲了「全人生」的幸福和自由。然而，只懂投資卻是遠遠不夠，學會「整體」財務規畫，用更高的生命視野，才能更全面地規畫及過好你的人生。

　　關老師的五大整體財務規畫，正是「以終爲始」的體現。這本書談的不只是投資哲學，更是全人生受用的生命智慧。本書結尾「一段塵封18年的故事，我生命的轉折點」及「希望你沒有白白受苦」尤其要讀，還記得我閱讀的當下眼眶泛淚；這才明白關老師何以如此堅持，讓我們明白利益衝突下的各種問題及潛伏的危險，甚至是生命被犧牲。

　　關於全方位理財，不瞞大家說，我也還在學，邀請你翻開書，跟我一起學！

（本文作者爲臨床心理師、作家）

Part 1

拉高財務規畫的視野

1-1

整體財務規畫
為什麼是理財的第一上位？

為什麼五大整體財務規畫，還優先於投資哲學，
變成個人全方位理財的第一門課？

　　2018 年的聖誕夜，你還有印象嗎？多數人可能已記憶
模糊，但那個冬天我印象特別深刻。11 月飛了一趟加拿大，
罕見的暴風雪讓我一路上都無法按原訂計畫，首先是大雪
加上週末的塞車，讓我到了要出發的新澤西州紐瓦克機場
附近，還卡在車陣中進不了機場，延誤了快 5 個小時，到
達加拿大已是深夜。望著皚皚白雪，極其安靜的小鎮，旅
館派來的巴士載著遲來的訪客，只有寥寥幾個人，車內安
靜，車外加油站和麥當勞的招牌高高聳立在雪景下，顯得
格外的冷冽。被冰雪覆蓋的童話中小城，安祥寧靜的情景
映在眼前，確實是美景，但我已疲憊不堪，加上隔天一早

還要轉搭小飛機到另外一個城鎮，所以到了旅館一躺下來，也就沒有什麼身處異地認床的孤枕難眠，旅館特有的柔軟枕頭很快就引我進入夢鄉。

回程，又是另一起意外。才放晴幾天的天氣，又來了一場暴風雪，造成飛機的機艙門故障關不了，通過層層安檢的旅客，就只能望著幾公尺外的登機口和手上的登機證興嘆。聽完廣播大家就各自找尋解決方案，趕時間的人轉機，已沒有飛機班次可搭的人，接受航空公司的住宿方案。工作人員處理這種突發的變化看起來已司空見慣，但我們這些時間算得緊緊的旅客，就只能調整心情。第二天清晨，我乾脆一面享用旅館早上的美味包肥餐，一面看著台灣的選舉辯論會。既然行程已被打亂了，就隨遇則安，反正動盪混亂之後總會歸於平靜吧。

但想得美！回到美國才隔幾天，股市開始震盪，2018年甚至創下了美國聖誕夜股市重創的紀錄。那一個12月，股市幾乎下挫了近20%，這可是金融海嘯之後的第一個大跌幅。2018年封關時，我在美國與台灣兩地的成績都是虧損，分別是美股 -8.09% 和台股 -4.23%。

這一跌，也引起了台灣多數投資者的關切。2018年年底，我接受政大 EMBA 某投資社團演講邀約所草擬的三個講題中，他們最想聽的優先次序，就跟這隻難得一見的黑

天鵝到來有關，分別是：

◎ 2019 年的投資環境是天快黑了，還是天快亮了？
◎ 你有自己的投資哲學嗎？
◎ 五大整體財務規畫的重要性。

到了演講會場，我說這三個主題的重要性，剛好和他們想聽的次序相反。當時我提到，**分析「投資環境」這種主題鐵定吸睛，但不一定能吸金，況且今年的分析猜對或判斷對了，明年是不是要再來一次？年復一年，而且還不保證每年都能判斷得對**。可是一旦建立了自己的投資哲學，採取有系統的方法，對股市情勢不但有應變之道，而且以簡馭繁，還能夠有不錯的投資報酬。

距那場演講事隔將近三年了，我們來回顧應證一下，2018 年年底的那隻黑天鵝引發許多財經媒體預告 2019 年將是投資成績黯淡無光的一年，結果，2019 年投資報酬大出專家們的意料之外，股市交出了亮麗的成績，標普 500 在 2019 年的成績是漲幅 28.4%，而涵蓋台灣前 50 大企業的台灣 50 指數（投資代碼為 0050）是 31.21%。可以說 2019 年的股市不但成績亮麗，而且漲幅是近 10 年來排名第二高，這個數字給你什麼樣的感覺？原本以為會有股災

的 2019 年，怎麼突然一下子就變成是亮麗的績效？你認為有多少專家猜對了，也做對了？

坦白說，還真不多，上面的故事還沒有完，第一次航班誤點的驚奇後，接下來會有回程的第二個。

投資者最想做的事，不一定是投資最應該做的事

2020 年初，新冠肺炎引發了全球股市的重挫，美股標普 500 下跌約 37%， 台股 0050 跌幅約 31%，媒體和專家們預期，這隻又黑又肥碩的黑天鵝，將會在股市上空盤旋一陣子，而且不排除還會再往下探底。股市裡沒有什麼不可能的，且看法經常是仁者見仁，智者見智，我也為了和讀者、上課的學員們互動，〈又上財經學院〉YouTube 頻道在 2020 年 3 月 18 日上線了，而第一集就以「新冠肺炎下，紐約會不會變成廢墟？」為標題，提出我的看法。這是我 33 年前人生投資第一次最悲慘經歷後的心得感想，有興趣的讀者可以去觀看我當時對股市的邏輯思考。

有趣的是，人生真是福禍相依，33 年前最痛的領悟，卻在多年後為我帶來豐碩的回報，沒有上述的經驗和心得，就無從在多年後做出以上的判斷，全球許多投資專家，可

能都無法想像 2020 年新冠肺炎下的股市竟然做了 V 型的反轉，黑天鵝瞬間消失了，而且是一騎絕塵，留下了許多殺在谷底，還來不及回補，一臉錯愕的投資者。

我也只預判股底可能已經浮現，相去不遠了，但也沒料想到這次股市的反轉，是以武俠小說情節般的旱地拔蔥之勢，一飛衝天，扶搖直上，一去不復返，2020 年交出了美股漲幅 26％，台股近 18％的亮麗成績。這段經歷說明我個人對股市的觀察：**「投資環境」這一檔事的分析，每年都得猜或判斷，又不見得猜得對，猜對也不見得做得對。**會吸睛的議題，真不一定能吸金，但有些投資人對這事還是會滿懷興趣地繼續探究下去，這是因為他們對投資尚未有見林見樹的全面鳥瞰，或者尚未建立自己的投資哲學，自然欠缺了投資的定見與遠見。

所以**投資者最想做的事，不一定是投資最應該做的事。**相較之下，投資哲學就有意義了，因為它可以讓投資者在股市裡碰到的許多**變數簡化**，再依自己的風險承受力和想過生活的方式，內化成自己的投資哲學，形成一套有系統的投資管理方法。

🔍 從出生到往生的五大整體財務規畫

但是再往上走一層，為什麼五大整體財務規畫，又會優先於投資哲學，變成個人全方位理財的第一門課？這是因為五大整體財務規畫的內容包括：**保險規畫、稅務規畫、投資規畫、退休規畫和遺產規畫**，這個範圍之寬，內容之多，涵蓋了從小到老，從出生到往生，可以說是一生的理財規畫都盡在其中。

【圖 1-1-1】五大整體財務規畫

許多人目前會購買股票、基金、房地產和定存來理財，但這些連投資規畫都還算不上，充其量只是投資規畫下，

管理操作的一個環節而已。事實上，好的投資規畫必須和其他四個規畫有連結，而且彼此有協同性與聯合作用。這五大規畫要在同一個大目標下來進行，不然就會變成是各自為政下的投資管理。可以說，目前許多人的投資管理是沒有先做過投資規畫的，或做了但投資規畫又沒有連結與呼應其他四個計畫，這就沒有達到整體財務規畫的目的。

此外，許多人在五大規畫中，會有某個項目考滿分，但某個項目不及格，導致整體結果往往還是不及格，舉例來說，沒有足夠和恰當的保險規畫，一件意外，就足以撼動甚至摧毀個人或家庭的財務根基。

還有人在保險上做到滿分，甚至是有超額保障，但也因此耗盡了資源，造成在投資上沒有適度的配置。一項資金沒有增長，或成長動能不足的理財，就無法面對侵蝕財富的通膨威脅。

也有人在前面四項規畫都做得極其完美，卻在最後的遺產規畫一敗塗地，特別是許多事業有成的企業家，往生前沒有任何規畫，或規畫得不妥，畢生的心血成果，最後非但不能充分發揮作用，還面臨事業無法傳承而逐漸凋零，或因而產生傷害性的爭產，用「功虧一簣」來形容他們一生的理財也不為過。

所以五大整體財務規畫的位階，高於投資規畫，而投

資哲學的形成和建立，又先於投資規畫，最後才是管理的操作。也可以說，整體的視野和高度是第一，建立正確且適合自己的投資哲學是第二。至於短期投資環境的變化，可能是趨勢潮流，但從股市時間的長河來看，這種每年出現的浪花，只能算是最次要的。

有了視野和高度，又掌握了方向，同時也懂得如何挑選和借重專家，那麼不管是投資規畫、操作管理和五大整體財務規畫，都可以藉由專家來達成你所需要的目的。但如果少了整體規畫的視野和高度的前提，自然就不會有統籌規畫的構想和管理的思維，財務資源也就無法發揮，進而創造最佳的效果。

多數投資者，誤把投資操作這一個細項，視爲理財的全部，特別是股票買賣這種管理操作，還被列爲急事，自然就忽略和遠離了投資哲學這項核心思維，也凌駕了整體的投資規畫。但整體財務規畫才是既重要又急迫的大事。投資哲學會在 Part 5 投資規畫章節中再略做補充，此時本書要先帶你登高望遠，了解個人理財的優先次序和範圍。

〈又上財經學院〉YouTube 頻道

1-2

從執行長還沒學會的技藝
看個人理財

資源需要完整的綜效——一門新 CEO 還不會的技藝

沒有經驗的 CEO，就如同沒有綜觀全局的視野或經驗的
個人，在做整體財務規畫時很容易出現決策的盲點或誤判。

巴菲特和查理‧蒙格所領導的波克夏公司，你認為他
們二人的強項是什麼？知道他們擅長的技藝，你就了解公
司理財的一個關鍵點。請注意，我這裡強調的是公司理財，
不是個人理財，你甚至可以用這項技藝分析來評鑑一家公
司是不是一流的企業。許多公司在攀登一流企業之前，常
因為不擅長這項技藝，因而處理不當，摔落谷底。運氣
好的，記取教訓繼續往上攀登，例如：蘋果公司、輝達
（NVIDIA）、超微半導體（AMD）。經驗不足，加上運
氣不好的，結局就是陳屍谷底永無天日，這類的公司可多
了，柯達的影像事業就是一例。

我所說的這一個關鍵強項是什麼？難道執行長（以下簡稱 CEO）和董事會不懂得領導和克服嗎？是的，他們是想處理，但問題是許多新上任的 CEO 根本沒有這方面的經驗來處理。

有一句話說：「好的決策來自於經驗，經驗來自於錯誤的判斷」（Good judgement comes from experience, experience comes from bad judgement），沒有錯誤的經驗當基礎，下次就很難產生好的決策。

究竟這是什麼重要的技藝，竟然是巴菲特和蒙格眼中多數 CEO 做不好的事？再者，這項公司理財的技藝，跟個人理財又有什麼關係？

巴菲特和蒙格認為，**資本配置是許多新 CEO 的罩門，要不然就不會有這麼眾多的重整案例出現了**。為什麼成為 CEO 之前學不會資本配置？

因為他們在升任 CEO 之前看到與學到的，都是片段的。這些新 CEO 都是在行銷、法務或營運管理等個別領域表現出色，才被提拔，從「個別領域」跨入對公司「整體資源」的運用和掌握，這個是以前沒有學過的經驗和歷練，所以許多新 CEO 犯錯的機會就很大，而且這樣的錯誤經常是很致命的。

到這裡，我們必須打住，先講解一下什麼是公司理財

中的資本配置（Capital Allocation），它和個人理財中重要的操作「資產配置」（Asset Allocation）有什麼不同？

🔍 公司資金面臨的五個選項

公司的資金、資源，以及未來要發展的方向，可能面臨五個選項，分別是：

1. 發放股利。
2. 買回自家公司的股票，減少在外面流通的股數。
3. 併購別家公司。
4. 投入研究發展。
5. 擴大產能。

不要小看這五個看似簡單的選項，這幾項資金的分配位置，猶如國家的軍事兵力的分布，擺錯位置對公司而言，可能是一場災難，對國家而言可能就是一次敗仗。

不同的是，雖然資本配置要顧到五個面向，但它的科學量化程度，還是比戰爭的變數來得精準一些。就公司理財而言，因為這五大資源分配錯誤而造成公司發展成功與失敗的情形，我可以舉幾個例子。

●蘋果和宏碁：
發放股利的學問，攸關公司競爭力升級

　　蘋果公司有相當長的時間從不發放股利，因為覺得這個錢要用在研發、併購和優化各項競爭力等地方，直到它的現金已盆滿缽滿，在股東強烈要求下，才做了調整，但縱然如此，股利依然不高，約莫 2％以下，還保留相當的資金做其他的用途，比如下文會提到的回購自家公司股票，以及如外傳的蘋果自駕車的研發方案等。

　　相反的，台灣的宏碁創辦人施振榮先生，就曾經感觸很深地說，當年高科技泡沫化前，許多資金主動找上了宏碁，宏碁沒有珍惜資金的控管，發放了太多的股利給股東，等到面臨公司競爭力要升級時，才發現資金已不充裕，而且已不復當年那麼容易取得。

　　兩相比較，就可以發現原來花錢還大有學問，施振榮先生要不是有此經歷，就很難有深刻的體會，這也就是不當家，不知柴米油鹽貴，不當 CEO 不知風暴隨時從四面八方襲來，後來施振榮先生擔任台積電的獨立董事（現已卸任）。不知道你有沒有發現，台積電的獨立董事，多數是曾擔任過 CEO 的，這些學長級的 CEO，有較多的經驗在公司重大決策上可以給予指導和建議，這也是台積電的優勢。

●蘋果、台積電和波音：
回購自家公司股票，恰當比例是考驗

　　這裡同樣以蘋果公司為例，它有一陣子用現金回購自家公司的股票，每年在外面約 2% 的流通數量。不要小看這個數字，如果進行 10 年，公司流通在外面的股數就減少了 20%。如果每年獲利相同，在股東人數減少 20% 的情況下，也就意味著每股盈餘（EPS）的獲利率提高，流通數減少，獲利率增加，就引發更多的買盤進入，又推升了股價。這僅是財務的調度，還不是公司競爭力的提升，結果，光財務面的操作也可以獲利。

　　蘋果的大股東之一的卡爾・伊坎（Carl Icahn），就曾經在 2013 年告知蘋果將提出建議性提案（precatory proposal），施壓蘋果公司增購庫藏股，推行提高股票回購規模的表決行動，不過規模由原先 1,500 億美元的要求降到 500 億美元。蘋果公司後來聲明考慮回購計畫擴大一倍到 1,000 億美元，這是什麼樣的概念？2020 年三星宣稱 10 年要投入 1,000 億美元，台積電則宣稱大約 3 年完成 1,000 億美元的資本支出，來擴大廠房和先進製程的相關開支，這也意謂擴大了公司競爭力的護城河，而蘋果在 2013 年就有如此大手筆的回購計畫。2013 年的年底蘋果公司現金儲備大約是 1,471 億美元，確實驚人，是富可敵

國的公司。今天回頭一看，它當年回購的股票在低價，真是一筆獲利的買賣。

但回購自家公司的股票，多少才是最恰當的比例？

這就像在電視節目上的烹飪大師示範廚藝時，說開中火，鹽巴少許，醋半匙，這些都不是精準的量化，裡面是融入了經驗值的。不相信你跟著做做看，出鍋時味道一定沒人家的好。

回購自家公司股票提高未來盈餘的成長力度，波音公司照著做，但就差一點陰溝裡翻船。CEO 急功近利，利用公司的現金大買自家股票，這樣做短期固然有利，但是資源消耗過多，一碰到狀況，比如要進行技術升級的研發，就沒有資源。讓波音差點翻船的是 2020 年的新冠肺炎，整個旅遊業瞬間萎縮，波音也受到重創，股價從 2019 年 3 月最高點的 446 美元下跌到 2020 年最低時的 90 美元，跌幅高達 79％也相當驚人。它緊急向美國政府求援，結果，政府給出了一個很不利的條件，波音公司不想輕易割肉，就向民間自行籌款，幸好股市急速回升，要不然波音已趴在水溝了。

●谷歌、亞馬遜和明基：
併購的挑戰，成長和災難並存

　　婚姻充滿了吸引力，幸福的婚姻讓人上天堂，但失敗的婚姻就像噩夢一場。公司之間的併購，也跟婚姻的結合一樣，合則產生綜效，但萬一價值觀、人生觀、金錢觀三觀不同，公司文化不融合，那就是由同床異夢，走向噩夢的開始。

　　成功的當然有，比如谷歌併購 YouTube，大型公司吃下這種有潛力與創意的小公司，儘管當時 YouTube 不賺錢，可是一旦找到了獲利的模式，就形成了成長的動能。此外，亞馬遜的併購，多數也算是成功的案例。

　　反觀台灣的明基併購當時德國的西門子，就不具備上述強勢公司文化能充分主導併購公司的融合力。結果，明基這個併購案大概賠了 250 多億，這恐怕還不是併購案中最糟的，但也足以看見併購的挑戰。

⌕ 有效運用資金，讓產生的報酬極大化

　　資本配置中的五項，我隨便舉了三項，就可以發現資源的運用和調度，其實是要有經驗和能力的，沒有綜觀全局的視野和了解，經常就會搞砸公司，這是刀的雙刃，正

如巴菲特和蒙格說資本配置就是波克夏的唯二強項，**可以說資本配置是將股東報酬最大化的關鍵決策**。

資本配置處理公司資源的這五種決策運用，我也用來對比個人理財中的五大整體財務規畫。以這兩者做類比的主要目的在說明：

◎ 有限的資源分配到五個不對的方向，或者對的方向但錯誤的力道配置，不但無法達到綜合效益，可能還造成資源的虧損。

◎ 沒有經驗的 CEO，就如同沒有全盤了解或經驗的個人，在做整體財務規畫時很容易出現決策的盲點或誤判，這是個人在做全方位理財時要注意的。

巴菲特有一個小故事：

有個人對獸醫說，可以幫幫我嗎？我的馬有時走路正常，有時卻一拐一拐的，獸醫回答說，沒有問題，可以幫你的忙，趁牠走路正常的時候賣了。

巴菲特說的這個故事，財經作家崔恩‧葛瑞芬（Tren Griffin）解讀其結論和重點就是：「有人兜售時，一定要

有理由。」我認為這還不夠，因為多數人做決策都會去要求理由，但重點是你有時無法判斷這個理由的真偽，以及它的周延或充分性，這是公司理財和個人理財都會面臨的挑戰，這個部分後面的章節再來觸及。

資本配置最重要的任務，就是將公司創造的資金部署在最理想的機會，並避開巴菲特所說的是「制度性強制力」（Institutional Imperative，也就是理性在制度性強制力發揮作用時枯萎，做出從眾的行為，跟著同業擴張、收購、制定高階主管薪酬，都會不假思索地跟進）。整體財務規畫也有這樣的挑戰和陷阱。照理說，個人理財應該不會有公司所面對的制度性強制力的隱憂，但只要有人的地方，人性就存在。

個人的整體財務規畫的挑戰，就如同巴菲特所說 CEO 所面臨資本配置的問題，CEO 的挑戰是如何將公司的資金產生股東報酬的極大化，而個人的五大整體財務規畫的挑戰也是如此，要將資源整合成最有效益的運用，因為收入就這麼有限，但同時要處理保險、稅務、投資、退休、遺產的分配和運用。

簡單的說，**公司的資本配置與個人的整體財務規畫，都是強調資金的有效運用，將產生的報酬極大化，也就是我們所說的綜合效應。**公司理財和個人理財，兩者都要跳

開個別領域的局限，讓每一個資源的運用都是從整體的立場來考量，這也彷彿是現代化國家的作戰，陸海空與後勤整體的運作，將資源放在最需要用的地方，達到管理學界朗朗上口的「綜效」。那什麼是綜合效應呢？我待會兒用自己在小學時得到體悟的生活故事說明，或許你就更容易明白了。

1-3

家庭理財的
綜效

巧婦難為無米之炊，也要懂得黃魚三吃

整體財務規畫重視把資源的效益用到淋漓盡致，
也強調每個規畫要協同和聯繫。

　　我台東故鄉的老家，座落在熱鬧的中山路，就在熱鬧的中山茶市場旁邊。小時候搭火車時，往中山路口一站，就可以看到車站的時鐘標示，只要抓火車開之前的 15 分鐘，拿著行李信步走進車站，通過檢票口進入車廂，時間就差不多了。

　　傳統的茶市場，也是我小時候玩耍遊樂的場所之一，傳統雜貨店門口各式乾貨堆成小小的尖山，我跟鄰居小孩呼嘯而過時，不時會抓個小魚乾往嘴裡送，我現在好奇當時是速度夠快，還是技巧夠好，或者是雜貨店老闆仁慈，不跟我們這群野小孩計較，所以印象中我沒有被抓過罰站的。

電影院就不同了，隔壁班的男孩爬牆看電影被抓，要在門口罰站。台東六家傳統電影院我印象中都爬過，不知道是夜路走得還不夠多，還是因為做過地形觀察，運氣好，竟然也沒有失手，這些調皮事竟串成了現在兒時的回憶。這些年內疚覺得應該回去兒時的這些電影院，付上當年的逃票，但沒想到六家傳統電影院，賣掉轉型的居多，唯一堅持的大同戲院幾年前也好像被火神親吻，共同的命運就是結束了。

由於對傳統市場店家和上百家攤販的地形熟悉，加上年紀最小，母親做飯菜臨時缺什麼，我就是最佳的跑腿，但最討厭的就是挖馬路時。不知道你記不記得道路整修的經驗？

路上塵土飛揚，過往的行人掩鼻匆匆而過，要不就吸到滿嘴灰砂。數週後，自來水公司埋設好水管，不便與抱怨聲終於解除。正要誇獎自來水公司的效率時，不久電信局又來開挖地面，埋設電纜，於是怨聲又起。胡適之先生養蘭，一日看三回。我們則是一日罵三回。

如果碰到跑街買雞蛋，那可要小心了，小孩子總是邊走邊跳，一不小心勾到工程用的木板，或者凹凸不平的坑洞，啪一聲跌得狗吃屎，一看膝蓋都已破了個口，什麼東西都不怕，怕的是手上的那一斤雞蛋。那時候的雞蛋就是

一個褐黃色的紙袋包著，當我長大看到雞蛋的包裝被改成保麗龍時，當下覺得發明雞蛋包裝的人真聰明，可以拿諾貝爾獎，因為解決了我小時候最討厭的問題，特別是修馬路，又奉命跑腿買蛋的時刻，因為經常出了雜貨店是完蛋（完整的蛋），回到家是未煮熟的蛋花。省了母親剝蛋的時間，不過卻多了父親的一頓打。

以為修路的夢魘剛過，其他設備公司又準備開挖，這是什麼世界？！難道這些單位彼此不講中國話，無法溝通、協調嗎？需要如此浪費資源，各自為政嗎？

🔍 整體財務規畫的核心

如果你也有這樣的看法，就已快抓到「整體」財務規畫的核心了，它強調的是①**家庭理財資源的有效和充分利用**，簡單的說，有點像中國人的一魚三吃。我那個年代資源匱乏，每一個人都把資源的效益用到淋漓盡致，懂得持家的媳婦，同樣的一筆預算買一條魚，就不會只想做一道菜，魚頭會做砂鍋，再跟魚販要了一些不要的大魚骨，熬成泛白的湯汁，加豆腐、涼粉、蔬菜與一些魚丸等各種食材，上桌就是頂好看的砂鍋魚頭。

魚的中段做成清蒸魚，加點薑絲，又是一道不同口味

的菜餚。魚尾段，做成江浙人稱的「紅燒划水」，魚的尾段稱爲划水，你看多麼有動感，菜單都可以這樣設計取名，讓想像和口感加強延伸，會持家的媳婦菜餚也要這樣設計。每一個人都把資源的效益用到淋漓盡致，一條魚所有的部位沒有一點浪費，頭部當砂鍋魚頭、中段清蒸、尾部當紅燒划水。如果你嫌這樣的比喻太淺顯、沒學問，那麼以企業碩士朗朗上口的綜效（Synergy，資源充分發揮的綜合效應）或可形容一二。

同樣的，五大整體財務規畫，也強調②**資源共享，每一個規畫應該要協同和聯繫，產生一加一大於二的效應。**為什麼美軍號稱是地表上最強的作戰部隊？因爲他們強調立體作戰，從衛星的通訊開始，陸海空行動，都是相互聯繫和支援的，再加上後備強力動員的支持，形成強勁的作戰力量。

以韓戰爲例，美國強勁且戰功彪炳的陸戰一師，每每往北推進，安塞紮營時，會立刻修建臨時機場的跑道，一則運送物質，二則運送傷兵，陸軍借重了空軍的快速機動力量。中共所謂的志願軍，常發動夜襲，如果不能全殲美軍，第二天白天美軍則立即發揮空優的轟炸與支援力量，而且將傷兵及時後送，連海軍的航空母艦都曾出動過夜戰的轟炸機。相反的，國共內戰時，國軍的空軍發揮的打擊

能力非常有限。

　　毛澤東曾問美軍最精銳的部隊爲何？得知是美軍陸戰一師，他明白如果能夠全殲陸戰一師，將重挫美軍的士氣，也可以對世界發出重大的勝利訊息，他想複製國共內戰時，在孟良崮戰役全殲國軍第一王牌 74 師的企圖。

　　同樣的手法，① 6 倍以上的優勢兵力包圍對方。②在對方沒有預期和不認爲可能發生時，予以突襲，且常是夜襲。③瘋狂的人海戰術（志願軍和聯合國部隊，有五次戰役，特別是在第四、第五次戰役時，許多打前鋒的，是當時內戰國軍的降兵降將，往前可能活，往後一定死，因爲有共軍的督戰軍槍桿壓著，只能往前），一來是突襲，二是有人數上的優勢，三是不怕死的一波一波地往前撲，這好比二戰時德蘇在史達林格勒的打法，蘇軍在隊友的屍體中前進，這著實把美軍打了個措手不及，美軍其中有一個戰功彪炳的北極熊兵團被全殲。

　　美軍陸戰一師在遭遇滅頂的威脅時，開始進行後撤的任務，中共的志願軍炸斷了唯一可以後撤逃生的「水門橋」，美軍搶修之後，中共志願軍第二次炸毀，美軍再度修復。沒想到，共軍再以敢死隊，第三次炸毀了橋的基座。試想美軍最強的王牌部隊陸戰一師如果遭到全殲，這是何等重大的打擊！

🔍 天上飛來一座橋

　　陸戰一師師長奧利弗‧普林斯‧史密斯（Oliver Prince Smith），急電求救在日本的盟軍統帥麥克阿瑟將軍，美軍的後勤部隊快速動了起來，接受工兵營長約翰‧帕特里奇（John H. Partridge）的建議，並下令日本三菱重工，兩天趕製了 8 座 M2 的機械橋樑，但在韓國先前的預備空投測試失敗，因為每一座機械橋重達 1.1 噸，只好由日本運送更大的降落傘，並動用了海軍陸戰隊空投排，以及其他後勤 100 多位技術人員的配合，完成了空投的一切技術、人員和裝備。

　　美軍空投完成，也在 7 月 8 日下午架橋成功，整個部隊開始後撤到離水門橋 64 公里的後勤基地興南港。美軍為了掩護陸戰一師撤退時不被志願軍伏擊，發現了必經之路上幾個山頭有居高臨下的地理優勢，認為一定要拿下黃草嶺，上去看之後，發現志願軍早已捷足先登等著他們了。不同的是，他們極其安靜，沒有發出任何一發子彈的聲響，原來中共志願軍已提前兩天到達預定的狙擊地，等美軍通過要做奇襲。沒有任何槍響的原因是，志願軍的 20 軍 58 師 172 團 2 營 6 運，在零下 3、40 度且幾乎斷糧的情況下，全連戰士以臥倒呈射擊的姿勢，全數化為冰雕，被稱之為

「冰雕連」。

2021 年 10 月大陸推出的愛國大片《長津湖》，票房創下大陸電影紀錄，描述的就是這一段相當慘烈的戰役。中共向來以自身的需要來講述歷史，不只是共產黨，許多的政黨也是如此。

有人問到了一位當年參戰的美國士兵，他說：「中共志願軍士兵的表現令人肯定，但他們的長官應該送軍事法庭。」還有一位談到在那種零下 40 度的酷寒情況下，美軍將近七到九層的防寒裝置都難以忍受，志願軍的防寒和糧食補給差多了，但軍人以服從為天職，如果再來一次，他會給那些志願軍一個擁抱，因為在那種狀況下能生存真的很不容易。

毛澤東這次是否完成了他的企圖和戰爭目標？戰略上或許有部分完成，但戰術上應該沒有，志願軍對美軍幾乎以九比一的傷亡程度，才迫使美軍後撤。中共至今對傷亡數字依然有所保留，根據蘇聯已經解密的資料，在韓戰中志願軍大約傷亡 90 到 100 萬，相當慘重，這也是 70 年來中共少談韓戰的主因之一。

志願軍和聯合國部隊在韓國大概有 5 次大型戰役，長津湖發生在第二次，中共以 3 個軍（20、26、27 軍），大約 16 萬人包圍美軍大約 2 萬人（實際作戰人數），由宋時

倫率領的九軍團幾乎被打殘退出了戰役，直到第五次戰役才再度加入，但也不是主力部隊。而美國陸戰一師經一、兩個月修整後，即迅速的又再度投入了戰場。

美軍並未預期有這麼龐大的中國志願軍出現在戰場，陸戰一師雖然被打了個措手不及，而且在奇襲下也相當狼狽，不過在陸海空及後勤的整體協同作業下，表現得也相當可圈可點，第一，保全並撤出了陸戰一師的主力。第二，連傷兵也帶走了。第三，還帶了北韓居民 9 萬 8 千人，由興南港搭美國軍艦送往韓國釜山，這裡面有一個家庭的小孩，成為了韓國今天的總統文在寅。

說這段長津湖戰役故事的用意有二：

1. 美軍空投了 8 座 M2 機械橋梁，6 座成功到手，事實上只需要 4 座就可以完成搭橋，這裡就有**整體財務規畫的風險控管的計畫**。
2. 美軍攻擊和撤退時，**美軍陸海空和後勤的緊密聯繫和協同支援作業，所表現出來的作戰力和強度，是整體財務規畫的最佳範本之一**。

   只有單一運作，卻不能協同和發揮各專業作戰部隊戰鬥力的，這場仗會打得辛苦，而且戰果有限。

🔍 整體財務規畫強調物有輕重，事有緩急

整體財務規畫除了重視資源的有效利用外，還強調**物有輕重，事有緩急**。家庭理財中，收入就這麼多，資源不是無限，況且要照顧的事情很多，自然也有所謂輕重緩急之分。換句話說，根據每個家庭現有的狀況，分析現有計畫的優缺點，以及針對需要改進的部分做規畫。

你可別輕忽缺點部分，我曾目睹一位年收入超過數十萬美元以上的知名專業人士，在他認為穩賺不賠的一項大型投資方案失利之後，原先的積蓄，幾乎耗盡，屋漏又遭連夜雨，中風奪走了他的專業謀生能力，妻離人也散，有一陣子常有跳樓輕生的念頭，晚景十分淒涼。當年，如果他有一份給專業人士的失能收入保險（Disability Insurance for Professional），狀況將會改善很多。所以有時一項致命的弱點，足以摧毀一個家庭的財務結構。

別讓這樣的錯誤潛伏、發生或驟然發生，也希望透過原先的規畫，讓衝擊變得更小些。在有限的資源當中，照顧迫切急需的環節，同時也為第二類優先的考量預做準備，這種為了多目標的綜合考量所做的「整體後的設計」，比較有全面均衡的照顧。

可惜的是，有不少的家庭常有類似偏食的問題。舉例

來說，很可能是教育基金規畫做了滿分，但其他項目不及格。也有人拚命開源，獨缺合法省稅的功夫，空有一堆合法省稅的空間，沒有利用，無法做到節流。也有些人前面做得完善，累積了不少財富，卻沒有完善的遺產規畫，最後還是讓政府這位大叔成了你的合夥人。

什麼是整體財務規畫呢？**簡單的說，它包含了從生到死，從小到大，舉凡有關家庭的理財活動，分別包括①保險、②稅務、③投資、④退休、⑤遺產的完整規畫。**

這五大部分，你是否都已規畫妥當了？是否也請專家做過全盤的檢查了？

一個好的投資規畫可能只需顧及投資目標、報酬及風險分散的適當與否，而一個好的「整體財務規畫」卻能讓你在得意、失意的各種不同人生階段，都有好的理財計畫與對策去應付這些挑戰。何妨趁早，與你的財務規畫師，做個理財的健康檢查。別忘了，有時一著錯棋，可以全盤皆輸，何況你不理財，財可不理你的。

Part 2

全方位理財的普通常識

2-1

普通常識，
並不普通

為什麼理財極需要普通常識？

少了普通常識，

投資理財、家庭全方位投資規畫的結局差很大。

　　普通常識，並不普通，這是第二部內容的訴求，但我只想精簡到談 3 個觀念與 1 個公式，而且說這個數學公式時，還要小心翼翼，不要驚嚇到你，甚至我還要說一些故事，讓你安心地一窺堂奧之妙。寫書要寫到如此用心良苦，豈不是此情可鑑，此心可明。

　　這一節的標題，會用「普通常識，並不普通」，有兩個原因，首先是查理蒙格的《*Poor Charlie's Almanack*》繁體中文版書名為《窮查理的普通常識》。第二個是最重要的，那就是我多年執業的觀察，許多人理財會犯錯和失敗，都是缺乏最基本的理財普通常識，這包含國家政策的

制定者，要不然台灣的勞退年金，不會是目前這種慘狀。這不需要什麼大學問，相反的，它只需要一些普通的理財常識，並參考一些其他沒有勞退年金問題的國家，答案就在那裡。會阻礙這些決策官員的癥結點，一一拆解來看，就不過是那幾個普通的理財常識而已！

🔍 表面微小的差距，但結局的差異很巨大

美國人說，副總統和總統之間的距離只有一個心跳。是的，只要總統心跳不動了，影響全世界、握有最大權力的人，在那一刻就要轉移了。這個表面微小的差距，但結局的差異是巨大的。美國最偉大總統之一的小羅斯福（Franklin D. Roosevelt）在第二次世界大戰還沒有結束前，突然過世，憲法中理所當然的繼任者是杜魯門副總統，杜魯門當總統後對華政策與看待韓戰的態度，和他的前任小羅斯福總統會相同嗎？如果不同，這一個差異就是今天國際政治上的巨大差異。

麥克阿瑟將軍主張打過鴨綠江，甚至協助蔣介石反攻大陸，杜魯門擔心引起第三次世界大戰，在無預警的狀況之下，解除了美國的傳奇軍事奇才麥克阿瑟在遠東盟軍總司令的職位。歷史當然無法重來，我們當然也無法知道，

如果是小羅斯福總統在任，是否也能夠接受麥克阿瑟將軍的主張？但從麥克阿瑟將軍談到小羅斯福總統相當有自持力，可見他們兩人的關係，似乎也優於和杜魯門的相處。

二戰時美國對日本的作戰，採取的是海上跳島戰略，原本是要攻占台灣做為威脅日本的跳板，但小羅斯福也被麥克阿瑟說服了，改為攻占菲律賓。而且當時美軍有軍事能力把北韓全部趕過鴨綠江，又是唯一擁有核彈的國家。因此在韓戰時，麥克阿瑟回到美國接受記者訪問時談到，他這一生作戰從來還沒有學過，轟炸敵人的橋梁時只能炸一半，而這正是杜魯門總統給他的指示，只能轟炸韓國鴨綠江的這一邊，主要目的是避免中共的介入，而事實上中共的志願軍不但介入，而且是大規模的潛入，才會有我們上面章節所講的長津湖戰役的發生。

歷史無法重來，正義也不一定隨時都能伸張，但當時美國總統那一個心跳的距離，一定改變了國際政治的現實至今，藉由這件事，我要強調的是：**想法和觀念的差距，足以產生巨大方向的改變，投資理財、家庭全方位的財務規畫也正是如此。**你也很難想像它們竟然就是起源於最普通的理財常識，而這就是我非常重視的原因之一。

🔍 沒有普通常識，哪能換上有錢人的腦袋

我們常說要換上有錢人的腦袋，但沒有基礎的普通常識，請問你怎麼換？如果你心中沒有那個普通常識的認知，是不可能朝那個方向移動的。很可惜許多人沒有這樣的認知，以至於理財到今天還在錯誤的道路上奔跑而不知，有一個重要原因在於，他們不願意閱讀，只希望抓到速食的影片資訊。

普通常識，為什麼並不普通？**因為這些常識以簡馭繁，而且有道理，甚至從生活中你就可以感受到。**擁有普通常識的代表人物查理・蒙格模仿他的偶像班傑明・富蘭克林，而後者的一生極其精采，我最近重讀美國制憲的歷史，才發現富蘭克林的偉大。

富蘭克林是美國第一任的駐法國外交官，當年美國和英國對抗，要不是有法國的協助，勝負恐怕還不一定，可見富蘭克林當年的斡旋與結盟法國有功。富蘭克林是個通才，還是出版家、作家、慈善家、廢奴主義者、科學家、圖書館學家和投資家。

在他的《窮理查年鑑》中有許多格言，例如：「不把事管好，就要被事管。」「人自愛，必無敵。」「講價最怕及時需。」「若有無愛之婚姻，必有無婚姻之愛。」「沒

有能小覷的敵人。」「空麻袋立不起來。」

以上這些格言的道理不難懂，很接近普通常識，但也有其樸實的智慧，在理財時，我們也需要有一些財務上的普通常識，而這些常識背後蘊藏著智慧，有許多人知道時，他們的人生已經準備落幕，真是可惜！

為了避免有這樣的遺憾，下一節就要提出我個人認為，理財中最需要知道的財務第一公式。這個公式本身就蘊涵了許多現代人理財必需知道的普通常識。

2-2

我心目中的
財務第一公式

一寸光陰一寸金，認識金錢的時間價值

以計算現值與未來值的財務第一公式，
了解你的時間值多少錢。

羅大佑有一首歌曲名為《童年》，裡面有一段歌詞，
是台灣小學課本都會學到的：

老師說「一寸光陰一寸金」。

這句歌詞道出時間是有價值的，但它有多少價值呢？
我心目中的財務第一公式就會告訴你，你的時間值多少錢。
而且有趣的是，每個人的時間價值都不一樣，原因在於：
每個人運用金錢的能力不一樣。因此，**要提升你的時間價
值，除了投資自己的專業能力以外，理財的能力也是要投**

資的一環。

要知道你的時間值多少錢，那麼接著就來看我心目中的財務第一公式，也是計算未來值（終值）與現值的公式：

未來值（FV）＝現值（PV）×（1＋投報率％）^ 期數

＝ $PV \times (1+r)^n$

※ 期數＝經過 n 期

※ 投報率通常簡寫為 r 或 i，期數通常用 n 期表示

這道公式，可以解出好幾個大家在財務規畫上的盲點。

這道公式能揭露出什麼致富祕密嗎？其實，幾乎每個投資大師都提過，所以要說它有祕密，也是公開的。但問題是，許多人就算知道，但沒有那麼高的敏感度，以至於不知道怎麼去運用它，結果就會像我前文所說「一個心跳的距離」所造成的財富差距。

金錢，有它的時間價值，很多人都知道，但不敏感，那麼在理財做決策時，就很容易做出錯誤的判斷，特別是你和銷售人員的利益有衝突時，他不見得會給予你正確的教育或指導，反而順水推舟，迎合你意，賣一個你已經想買的產品，何樂不為。

從上述的財務公式，我們已經看到①現值、②未來值、

③投資報酬率（折現率），以及④時間這四大變數，至於它們彼此之間的消長關係，我先不用文字敘述，就用一個生動的例子說明，你或許比較有感覺。如果看懂了，你就能有幾十萬，甚至上百萬的財富配置正確，也可能從中意識到自己以往決策上的錯誤，原因就在於普通常識不足。

從財務第一公式看小孩的保費

我在美國剛出道先是當保險經紀人，後來又擔任財務規畫師時，經常會遇到有些家長想為自家的小孩也買保險，更積極的家長甚至拿出別的保險經紀人為他們小孩做出的電腦試算表，當中的保險金額常高達 2、30 萬美元，甚至50 萬美元。

這時我通常會反問，為什麼你覺得要幫小孩買人壽保險？為什麼要保這麼高的金額？（小孩子若先天有遺傳性疾病的暫不論，因為情況特殊，也不多）。很多家長抱持的一個主要理由就是：小孩的保費便宜，現在幫他們買，以後他們就不需要再花大錢購買。真的是這樣嗎？

我們就用上述的財務第一公式來還原全貌。

就假設小明今年 15 歲，買了一個新台幣 600 萬元（約20 萬美元）的保險，他的壽命就暫定 85 歲為終點，請問

85 歲小明往生時，他的 600 萬元理賠金，價值相當於今天的多少錢？

為什麼要這樣問？因為你才會知道當小明 85 歲時 600 萬元的保險額賠償，相當於今天的多少購買力？還有多大的保護力？**財務的第一公式之所以這樣設計，是因為未來的幣值可以有多大的購買力，你難以感覺，但換算成今天的幣值你就會很有感。**

我上述這個財務第一公式，不但可算出未來值，也能反推回來算現值，可以說在充分的假設條件下，都能算出我上述講的四個變數，進而了解它們之間的關係和變化。

這時你要注意，我們常說蘋果不能比橘子，所以當你在比較兩項不同投資方案時，要麼全部以「未來值」計算，要麼全部換成「現值」來評估，也就是說，選終點或起點，二擇一，在相同的基礎上比較，這樣才有意義。

聰明的你，應該會發現上述這道題目不能算，因為我少給了一個假設條件，也就是這項保險的投資報酬率是多少？沒錯，如果不知道投資報酬率，就不明白這筆錢在 70 年當中成長的速度如何，而且會到達什麼樣的規模？

也請注意，在這裡要稍微轉換一下專有術語的表達方式，當你在計算「未來值」時，不知道所選擇的投資工具是什麼？如果是**股票**，我們習慣說是**投資報酬率；公**

債就習慣說**殖利率**；**定存**則說是**利率**，英文說成「return rate」，公式以 r 或 i 來代表。

以上是算未來值時的說法。一旦知道未來值，要反過來推算「現值」，這時習慣上又不講投資報酬率，而是稱**「折現率」**，但公式是一樣的。明明就同一件事，稱呼竟然不一樣，就像你送人一筆錢，有時可叫紅包，又可說薄禮，也有人說是一份心意，這要是老外可能當場就昏了。不就是 money 嗎？在老中眼裡怎麼會有這麼多不同的稱呼。

計算現值與未來值

有了上述背景的說明，我在小明投保 600 萬的例子中缺的一個假設條件就是折現率。為什麼我要故意留一個伏筆，變成一個開放性問題？因為投資報酬率，或者我們在這裡所稱的「折現率」會因人而異。你要是問巴菲特，投資的報酬沒有 6% 以上，他會覺得不合理，他的波克夏股票過去 65 年以來的表現，每年年均 20%。但是你若問一個在銀行定存的人，6% 的折現率又偏高。究竟這個數字該怎麼定呢？所以我說因人而異，但由於此處談的是購買力問題，所以我覺得用通貨膨脹率比較能夠反映，也應該是多數人可以接受的。台灣長期通貨膨脹率接近 2%，美國

長期接近 3%，所以我用 3% 來當折現率。答案就出來了。

15 歲的小明，現在買一個 600 萬台幣的人壽保險，折現率，用通貨膨脹率 3% 爲條件，若 85 歲見上帝，還有 70 年的保護期間，小明的爸媽關心的是他往生時，這筆理賠金可以給家人帶來相當於今天多少金額的購買力，也就是專業術語所說的現值？答案是只有**近 76 萬元——600（未來值）÷（1+3%）⁷⁰**，購買力被通貨膨脹吃掉了將近 87%，只剩下約 13% 的購買力，你認爲這是小明爸媽當時的想法或期望嗎？

我們來看第二種情況：小張年紀 40 歲，最近又多添了一個女兒，決定想增加保險，假設同樣是 600 萬，壽命 85 歲，還有 45 年的保險期，折現率同樣使用通膨 3%，他也想了解一下，天年之後，家人領到的 600 萬保險理賠，是今天的多少錢？

答案是，**現值約 158 萬 6 千元**。

第三種情況是小王，今年 55 歲，事業有成開始考慮遺產稅的設計，以上所有條件相同，那麼 30 年後拿到 600 萬保險金時，相當於今天的現值多少？

答案是 **247 萬**。

一寸光陰一寸金，羅大佑和老師們沒有說出來的答案，我認爲財務第一公式說出來了一半，這一半就取決於每個

人可以創造財富的投資報酬率的能力不同，以上三個案例我使用的折現率是3%，接下來再看第四個案例投資達人小吳，以折現率6%為考量，年紀40歲，那麼這600萬的保險金在45年後，相當於今天的現值為多少？答案只有**43萬6千元**。

再來看第五個案例，假設保險經紀人打高爾夫球認識了40歲時的巴菲特，巴菲特想了解一下這個現值會是多少？巴菲特告訴保險經紀人，折現率用不著以他的投資績效20%來算，所以他未來的遺囑交待小孩，90%的遺產放在標普500，所以就用過去90年來標普500的績效10%當成折現率，因此這600萬的保險金，45年後換算成今天的現值，答案可能會讓你嚇一跳，是**8萬元左右**。

看來40歲時的巴菲特，應該不會買保險，也不需要，但若他28歲結婚時，還是需要，為什麼？我們可以整理出以下的一些論點：

1. **保險的目的，是在一段期間內，以極少的保費立即提供一個極大的保障，但隨著時間遞延，保障的額度，它的現值購買力會越來越少**，正是因為一寸光陰，一寸金，時間是要算錢的，保險公司給了你最需要保障的（一段）時間，但不是永遠。

2. **保險這種產品的功能，不是投資，也不是讓你長期可以擊敗物價膨脹的**，如果可以的話，房地產、投資這類的商品就沒有存在的意義和功能了，何況投資產品越來越多，越來越複雜，就代表它在處理不同的需求。

3. **幫小孩子買壽險，基本上是不需要的**，有以下幾個原因：①幫小孩買保險，受益人是誰？如果是大人，就變成沒有收入的小孩，保障有收入的父母，這樣的邏輯有問題。②這筆錢的預算，應該幫助小孩進入投資，開始接觸投資的世界，從中學習，等他成家立業再買自己需要的保險，這筆錢的投資，如果使用有市場代表性的 ETF，不是單一個股，會有一定的成績。③如果還是覺得想要有一個保險，保額不宜過大，同時應該考慮定期保險（Term Insurance）或意外險即可，如果買有現金值的終身壽險，你有很高的機會走錯方向。將同樣的預算，買完定期保險後，再將多出來的資金放入投資，為什麼要這樣做？這個績效的差異，會大到讓你訝異，以後有機會寫保險規畫的專書，我再來詳細分析，有興趣的讀者也可以先自行做個比較。

4. **就算你是投資高手，在自己的資產還沒有成長到足**

以靠被動收入照顧全家人的保障時，保險這樣的保護傘還是需要的，但把握前面黃金的 2、30 年，透過穩健正確的投資，及早建立資產，再透過資產的投資，產生被動收入，建立工作的分身。

5. 如果保險經紀人沒有告訴你，金錢有時間的價值，保險額未來的現值購買力會逐漸下降，甚至到達一個和你想像有落差的金額時，這不是保險經紀人的錯，而是你沒有找到真正的專家，就如同會計師也會接到離婚的法律諮詢，保險經紀人的養成教育和執照考試少有所謂「金錢的時間」來分析此一概念，但是如果你的保險經紀人，同時兼具有財務規畫師執照，那這位保險經紀人就失職了，為什麼會產生這樣的現象，後文的章節會再來討論。

🔍 財務公式打開的視野

對於現值與未來值，你未必要將數字套入這道公式，才能算出答案，本書著重的是觀念，這些結果你可以到有財務計算機功能的網站輸入資料，瞬間就有答案。就算沒有，任何財務人員都可以提供這樣的協助，你需要擁有的是建立觀念，然後才有做出正確決策的能力。

英文版的財務計算機網頁：
https://www.calculator.net/present-value-calculator.html
國內應該也有這種財務計算機網站的中文版，重點是，你了解
上述的觀念，才知道要做什麼樣的變化和選擇。

這樣一道簡單的公式，有沒有打開你原本的認知和視野呢？我當保險經紀人時，也沒有這麼強烈的金錢時間觀念，這個議題通常是財務規畫師訓練的第一堂課，各位一旦明白了，就可以登高望遠，不但可以看清問題，還可以和專家說同樣的語言，也就是老外所說的「talk the same language」，這是這本書的目的之一。這道公式只能看出以上的結論嗎？當然不只，我們下節討論。

【表2-2-1】是前述5個案例的結果總整理，你會發現，投資報酬率（或這裡計算所用到的折現率）和時間，是兩個最重要的變數，這當中有一點會讓人感觸良多：越不會理財的人，能創造的投資報酬率越低，相對的折現率也低，可以產生未來值的能力也越低，自此產生了一個惡性循環。舉例來說，覺得自己的資金少，越不敢承受一個合理報酬所伴隨的適度波動風險，儘管閃開了眼前的風險，卻埋下了一個長遠更難以處理的風險，時間一拉長，溫水煮成青蛙，這個人永遠是理財的弱勢族群。因此，改變之道，還是得回到觀念，藉由閱讀改變觀念。

【表 2-2-1】600 萬保險理賠金的現值是多少？

姓名	購買時的年齡	壽命	投保年數	折現率	購買的保額（萬）未來值	折算成今天的購買力（萬）現值
小明	15	85	70	3%	600	76
小張	40	85	45	3%	600	158.6
小王	55	85	30	3%	600	247
小吳	40	85	45	6%	600	43.6
巴菲特	40	85	45	10%	600	8

　　只有透過閱讀和觀念的改變，才可以明瞭上述的財務第一公式，也藉此揭開許多人購買保險時會犯的錯誤，錯誤還不只這個，我們還可以繼續探討。同時，從這個公式也可以發現，保險額「長期」的未來值，有時會讓人產生一個錯誤的認知，但其實換算成現值的購買力就能看出變化很大，而且價值是遞減的。不過這並非代表，你不需要保險，而是提醒你：**別把保險當成萬能的理財工具，了解每一項理財工具的優點和限制，有其必要。了解金錢有它的時間價值，是第一步，這也是透過這道財務公式所打開的視野。**

台灣及各國對兒童保險購買之規定限制

　　台灣在 2020 年 7 月 1 日修改保險法第 107 條規定，未滿 15 歲兒童的身故保險金，限制給付範圍在 61.5 萬元之內。

　　這個修法的原因是來自於 2018 年 10 月發生的普悠瑪火車出軌事件，當時有 5 位年齡低於 15 歲的兒童，所投保的旅平險、意外險都不能領取身故保險金，引起國人的關注，要求予以修法。

　　當時立法的目的是防範所謂的道德風險，防止有些人利用小孩子的相對低保費，卻投了極高保額，讓沒有收入和自我行為防衛能力的小孩慘遭不測等風險。

　　各國對這種道德風險的防護規定不一，法國禁止 12 歲以下領身故金，韓國則是 15 歲以下，美國各州不一，紐約州是 14.5 歲以下的保額限定在 5 萬美元以下。

2-3
運用財務第一公式，
抽絲剝繭理方向

第一公式也是投資決策的利器

投資美國和國際股市，哪個好？

沒學會這道公式，你只會看到各有千秋。

　　看過 1997 年上映的《心靈捕手》這部電影嗎？由麥特・戴蒙等著名演員主演且獲得不錯的成績，電影的情節是在麻省理工學院，場景卻在加拿大多倫多大學裡拍攝。

　　這部影片在第 70 屆奧斯卡金像獎中，最佳男配角由羅賓・威廉斯獲得，而最佳原創劇本獎，是麥特・戴蒙、班・艾佛列克兩人獲得。既然是兩人合寫這部劇本，他們怎麼分配誰當男主角？據說他們是擲骰子決定的。麥特・戴蒙曾就讀哈佛大學，不知道這部電影的靈感是否源自他上數學課解不出題時的遐想？

　　這部電影的故事是麻省理工學院的一名年輕清潔工威

爾‧杭汀（麥特‧戴蒙飾演），在高等數學上有天分，但性格叛逆。有天拿過費爾茲數學獎的教授吉拉德‧藍伯（史戴倫‧史柯斯嘉飾演）在黑板寫下一道他認為難解的題目，看哪一位學生可以解答，結果，沒人解得出。威爾在打掃教室時，突然發現黑板上這道題目，輕易就給出解答，後來藍伯又出一道更難的題目，一樣被威爾解出來。

接下來就是藍伯教授惜才，想幫助和解救這位天性叛逆但心裡有陰影的數學天才，後來在無計可施之下求助大學好友、心理學家西恩‧麥奎爾（羅賓‧威廉斯飾演）。他們一連串的互動與接下來的情節，留給你在電影中品嘗。麥特‧戴蒙也由於這部電影受到欣賞，因而參演電影《搶救雷恩大兵》，開始一炮而紅。

美國和國際股市 50 年的績效比較

再來看一次我心目中的財務第一公式：

未來值（FV）＝現值（PV）×（1＋投報率％）^ 期數
＝ $PV \times (1+r)^n$

※ 期數＝經過 n 期

※ 投報率通常簡寫為 r 或 i，期數通常用 n 期表示

這道公式，可以解出好幾個大家在財務規畫上的盲點。**它不僅打開了我們對金錢之時間價值的了解，還有助於判斷投資決策的時候，可以剪得斷，理不亂，能在一堆雜亂無章的資訊中，抽絲剝繭理出一個方向**，就像電影中在占據整個黑板的數學公式的導引之下，最終得出一個簡潔有力的公式。

順便一提電影中的花絮，那道數學公式不是亂編的，整個黑板看到的數學公式是數學法當中一門叫「傅立葉分析」的技巧，相當於正弦和餘弦之類的函數。它在物理學和工程學中被廣泛地應用。

再回到我心目中的財務第一公式，如果它只是說說但不能運用，我可沒興趣，所以我就拿以下的實用資訊來試看看，能否借助這道財務公式為我們抽絲剝繭，理出頭緒？

世界這麼大，往哪裡投資，這是大家爭論不休的問題。投資的確有風水輪流轉，各領風騷若干年的現象。這種輪動的現象就像巴菲特引述球賽中，判斷球下一個移動方向的重要性，高於球當前留在的位置，因此找尋可能移動方向的判讀脈絡，是以下題目的目的之一。

第二個目的是，找出一個比較的基礎，就像上一節文章所講的，要麼你選未來值，不然就選擇現值，只有在基礎點相同的條件下做比較，才有意義。

以下你看到的【表 2-3-1】，是美國和國際股市從 1970 年開始到 2019 年，長達 50 年的績效表現，你能告訴我投資美股比較好，還是國際股票？

還沒學會這道公式之前，你會看到它們互有領先，各有千秋，比如哪一年美股領先，哪幾年又是國際股市領先，而且互有領先的機會好幾次，一下漲，一下跌，會搞得你昏頭轉向，很難從中找到一個脈絡可循，沒有脈絡你就無從判讀。

先問你一個問題，以下三道題目，你有興趣嗎？

◎ 美國和國際股市，哪一個值得長期投資？
◎ 如果要利用鐘擺理論做波段的換檔，在什麼時候比較有機會？
◎ 50 年下來，誰的績效最好，差異有多少？

或許你有興趣的是答案，而不是題目。第二道題的波段換檔時機的答案，當然也不是絕對的，因為它牽涉到每個人的解讀能力，但是整理出基本、有條理的訊息是必要的，讓我們開始吧！

你只要利用財務第一公式，先算出總報酬。別擔心，公式的計算可以用計算機，也能借助電腦的方程式，你只

【表 2-3-1】1970 ～ 2019 年美國股票 VS 國際股票

年份	美國股票（標普 500）	國際股票（EAFE）	年份	美國股票（標普 500）	國際股票（EAFE）
1970	0.10%	-14.13%	1995	37.16%	9.42%
1971	10.63%	26.14%	1996	22.96%	6.10%
1972	18.90%	33.28%	1997	33.36%	1.80%
1973	-14.77%	16.82%	1998	28.58%	20.00%
1974	-26.39%	-22.15%	1999	21.04%	27.00%
1975	37.16%	37.10%	2000	-9.11%	-14.20%
1976	23.57%	3.74%	2001	-11.89%	-21.50%
1977	-7.41%	19.42%	2002	-22.10%	-15.90%
1978	6.39%	34.30%	2003	28.68%	38.60%
1979	18.20%	6.18%	2004	10.88%	20.70%
1980	32.27%	24.43%	2005	4.91%	14.00%
1981	-5.01%	-1.03%	2006	15.79%	26.90%
1982	21.44%	-0.86%	2007	5.49%	11.60%
1983	22.39%	24.61%	2008	-37.00%	-43.10%
1984	6.10%	7.86%	2009	26.46%	35.80%
1985	31.63%	56.78%	2010	15.06%	7.80%
1986	18.56%	69.94%	2011	2.11%	-12.10%
1987	5.10%	24.93%	2012	13.41%	13.55%
1988	16.24%	28.52%	2013	29.60%	19.43%
1989	31.37%	10.80%	2014	11.39%	-7.35%
1990	-3.27%	-23.20%	2015	-0.73%	-3.30%
1991	30.47%	12.56%	2016	9.54%	-1.88%
1992	7.61%	-11.85%	2017	19.42%	21.78%
1993	10.02%	32.94%	2018	-6.24%	-16.14%
1994	1.37%	6.24%	2019	28.88%	18.44%

※ 註

（1）1970 ～ 1971 年（2）1994 ～ 2019 年

這兩段期間的績效，都未含股利再投資（No dividend reinvested）。

要先懂方法和觀念就可以，程序如下：

1. 算出這 50 年的「總報酬」，就相當於公式中的「未來值」。
2. 四個變數，已知的有三個，接下來我們要的是年均報酬率。

這裡你或許會有點困惑：表格中不是就有報酬率的數據了？恭喜你有這個困惑，表格中的報酬率是「每年度」指數型基金的報酬。年度報酬率忽高忽低，你盯著的如果是一個點，就不太容易看出一個趨勢的走向和可能轉變的發展，所以我們要把它轉換成「年均報酬率」，也就是每一年都是同樣固定的報酬，你就容易和銀行定存之類的其他工具做對比。要不然一年獲利，一年虧損，一段期間下來年均報酬率到底是多少？

有了這個「年均報酬率」的概念，就方便來判斷這兩個指數型基金在某一個階段的表現，進而解讀它可能移動的方向。

1. 經過公式計算之後得出的總報酬可以看出，過去 50 年當中，美國股市優於國際股市。
2. 但是這 50 年的年均報酬率是多少呢？公式可以導引

出的結果是，美國股市年均報酬率大約是 10%，國際股市年均報酬率大約是9%。（請參照【表2-3-2】）

3. 如果還想細部分析，比如每 10 年做一個區間，可不可以呢？我們可以得出過去 5 個 10 年，兩者的年均報酬率互有領先，這個高低落差就是我們要的，也藉此判讀它有沒有可能轉向的脈絡。這個部分就留給你當功課，看看有沒有機會找到趨勢轉換的契機。

接下來問你一個重要問題，它也是巴菲特在他的波克夏年報中至少曾提及三次的議題，好消息是，這個重要的議題，許多人只停在知道，卻沒辦法充分運用這個致富的密碼，何以見得？

從台灣許多散戶投資人的理財行為就可以得知，很抱歉，許多人都在其列，不是只有做當沖的人和散戶韭菜，許多專業人士也在其列，包含了會計師、律師等，甚至是有決策權力的重要政務官員。

就是這麼多人知道，但沒有充足的敏感度，看不到前方的視野，所以在個人的理財和國家理財的決策上都會出現相當大的偏差。

那這道題目究竟是什麼？它就是從上述的年均報酬率，國際股票的年均報酬率9%和美國股市的 10%，請問

【表 2-3-2】1970 ～ 2019 年美國股票 VS 國際股票 1 美元的年均報酬

年份	美國股票 (標普 500)		國際股票 (EAFE)		年份	美國股票 (標普 500)		國際股票 (EAFE)	
1970	0.10%	1.00	-14.13%	0.86	1995	37.16%	16.81	9.42%	29.13
1971	10.63%	1.11	26.14%	1.08	1996	22.96%	20.67	6.10%	30.90
1972	18.90%	1.32	33.28%	1.44	1997	33.36%	27.56	1.80%	31.46
1973	-14.77%	1.12	16.82%	1.69	1998	28.58%	35.44	20.00%	37.75
1974	-26.39%	0.83	-22.15%	1.31	1999	21.04%	42.89	27.00%	47.94
1975	37.16%	1.13	37.10%	1.80	2000	-9.11%	38.98	-14.20%	41.14
1976	23.57%	1.40	3.74%	1.87	2001	-11.89%	34.35	-21.50%	32.29
1977	-7.41%	1.30	19.42%	2.23	2002	-22.10%	26.76	-15.90%	27.16
1978	6.39%	1.38	34.30%	2.99	2003	28.68%	34.43	38.60%	37.64
1979	18.20%	1.63	6.18%	3.18	2004	10.88%	38.18	20.70%	45.43
1980	32.27%	2.16	24.43%	3.96	2005	4.91%	40.05	14.00%	51.79
1981	-5.01%	2.05	-1.03%	3.92	2006	15.79%	46.38	26.90%	65.72
1982	21.44%	2.49	-0.86%	3.88	2007	5.49%	48.92	11.60%	73.35
1983	22.39%	3.04	24.61%	4.84	2008	-37.00%	30.82	-43.10%	41.73
1984	6.10%	3.23	7.86%	5.22	2009	26.46%	38.98	35.80%	56.67
1985	31.63%	4.25	56.78%	8.18	2010	15.06%	44.85	7.80%	61.10
1986	18.56%	5.04	69.94%	13.90	2011	2.11%	45.79	-12.10%	53.70
1987	5.10%	5.30	24.93%	17.37	2012	13.41%	51.93	13.55%	60.98
1988	16.24%	6.16	28.52%	22.32	2013	29.60%	67.31	19.43%	72.83
1989	31.37%	8.09	10.80%	24.73	2014	11.39%	74.97	-7.35%	67.48
1990	-3.27%	7.83	-23.20%	18.99	2015	-0.73%	74.43	-3.30%	65.25
1991	30.47%	10.21	12.56%	21.38	2016	9.54%	81.53	-1.88%	64.02
1992	7.61%	10.99	-11.85%	18.85	2017	19.42%	97.36	21.78%	77.97
1993	10.02%	12.09	32.94%	25.05	2018	-6.24%	91.28	-16.14%	65.38
1994	1.37%	12.25	6.24%	26.62	2019	28.88%	117.65	18.44%	77.44

※ 註

（1）1970 ～ 1971 年 （2）1994 ～ 2019 年

這兩段期間的績效，都未含股利再投資（No dividend reinvested）。

40年和50年後兩者的差距有多少？

　　每年年均報酬率差距1％，許多人看不上眼，認爲沒必要爲它傷腦筋，眞是這樣嗎？

　　這道題目，其實也就是愛因斯坦所講的「人類的第八大奇蹟」，如果這個奇蹟你都沒有感覺，你的理財自然就不會有奇蹟了！我們下一節再來詳述。

　　從【表2-3-3】可以看出：

1. 第一個10年，1973年美國石油危機，阿拉伯國家實施石油禁運，美股重創，但國際股表現相對亮麗，第一個10年，國際股年均報酬率12.26％，優於美國的股票5.01％。

2. 第二個10年，1980到1989年，美股表現不錯，年均報酬率17.3％，但國際股表現更優秀，是22.77％。

3. 第三個10年，1990到1999年，美股年均報酬率18.15％，表現出色，優於國際股的6.84％。

4. 第四個10年，是全球股市都失落的10年，必須是其他類型的資產才有正報酬的表現，例如：公債，這也說明資產配置有它的優勢和適用性，美股年均

【表 2-3-3】
1970 ～ 2019 年美國股票 VS 國際股票 1 美元
年均報酬每 10 年的比較

年份	美國股票 （標普 500）		年均報酬 i	國際股票 （EAFE）		年均報酬 i
1970	0.10%	1.00		-14.13%	0.86	
1971	10.63%	1.11		26.14%	1.08	
1972	18.90%	1.32		33.28%	1.44	
1973	-14.77%	1.12		16.82%	1.69	
1974	-26.39%	0.83		-22.15%	1.31	
1975	37.16%	1.13		37.10%	1.80	
1976	23.57%	1.40		3.74%	1.87	
1977	-7.41%	1.30		19.42%	2.23	
1978	6.39%	1.38		34.30%	2.99	
1979	18.20%	1.63		6.18%	3.18	
① 10 年			5.01%			12.26%
1980	32.27%	1.32		24.43%	1.24	
1981	-5.01%	1.26		-1.03%	1.23	
1982	21.44%	1.53		-0.86%	1.22	
1983	22.39%	1.87		24.61%	1.52	
1984	6.10%	1.98		7.86%	1.64	
1985	31.63%	2.61		56.78%	2.57	
1986	18.56%	3.09		69.94%	4.37	
1987	5.10%	3.25		24.93%	5.46	
1988	16.24%	3.78		28.52%	7.02	
1989	31.37%	4.96		10.80%	7.78	
② 10 年			17.37%			22.77%
1990	-3.27%	0.97		-23.20%	0.77	
1991	30.47%	1.26		12.56%	0.86	
1992	7.61%	1.36		-11.85%	0.76	
1993	10.02%	1.49		32.94%	1.01	
1994	1.37%	1.51		6.24%	1.08	

1995	37.16%	2.08		9.42%	1.18	
1996	22.96%	2.55		6.10%	1.25	
1997	33.36%	3.41		1.80%	1.27	
1998	28.58%	4.38		20.00%	1.53	
1999	21.04%	5.30		27.00%	1.94	
③ 10 年			18.15%			6.84%
2000	-9.11%	0.91		-14.20%	0.86	
2001	-11.89%	0.80		-21.50%	0.67	
2002	-22.10%	0.62		-15.90%	0.57	
2003	28.68%	0.80		38.60%	0.79	
2004	10.88%	0.89		20.70%	0.95	
2005	4.91%	0.93		14.00%	1.08	
2006	15.79%	1.08		26.90%	1.37	
2007	5.49%	1.14		11.60%	1.53	
2008	-37.00%	0.72		-43.10%	0.87	
2009	26.46%	0.91		35.80%	1.18	
④ 10 年			-0.95%			1.69%
2010	15.06%	1.15		7.80%	1.08	
2011	2.11%	1.17		-12.10%	0.95	
2012	13.41%	1.33		13.55%	1.08	
2013	29.60%	1.73		19.43%	1.29	
2014	11.39%	1.92		-7.35%	1.19	
2015	-0.73%	1.91		-3.30%	1.15	
2016	9.54%	2.09		-1.88%	1.13	
2017	19.42%	2.50		21.78%	1.38	
2018	-6.24%	2.34		-16.14%	1.15	
2019	28.88%	3.02		18.44%	1.37	
⑤ 10 年			11.68%			3.17%
50 年			10.00%			9.09%
50 年總報酬			116.50			76.45

※ 註
（1）1970 ～ 1971 年 （2）1994 ～ 2019 年
這兩段期間的績效，都未含股利再投資（No dividend reinvested）。

報酬率是 -0.95％，國際股市是 1.69％。

5. 第五個 10 年，是 2010 到 2019 年，兩者的成績在
   這裡有了很大的差距，美股年均報酬率 11.68％，
   國際股市是 3.17％。

那麼接下來的疑問是，這 50 年來到底是美國股市表現
得比較好，還是國際股市？

財務第一公式又要發揮功效了：50 年下來，美股年均
報酬率是 10％，國際股市的年均報酬率是 9.09％，這 50
年來的年均複利，兩者相差 1％不到，但你知道總報酬會
相差多大的百分比嗎？

你想一下結果，我們會在下一節公布答案。

2-4
世界第八大奇蹟的
天機

複利，讓我講它 3 年也不厭倦

如果不知道複利的奇蹟，
你的投資理財就不可能有奇蹟！

富蘭克林曾說：「對於智者而言，一字道天機。」牛頓的萬有引力或愛因斯坦的相對論，同樣用一個數學公式道出了更大的天機。

對數學不好的人而言，很難想像一道最後呈現精簡的數學公式，導算時的過程繁複，但最後呈現的結論，卻是人類智慧的發現和力量的展現。我們從英格蘭詩人亞歷山大·波普（Alexander Pope）為牛頓寫下了以下的墓誌銘，就可以窺見牛頓揭發了多少天機：

自然和自然的法則隱藏在黑暗中，上帝說讓牛頓出世

吧，於是一切豁然開朗。（Nature and Natural's law lay hid in night, God said, "Let Newton be" and all was light.）

我也要出示一個數學公式，它道出了愛因斯坦所說的「世界第八大奇蹟」的天機，也是我認為財務的第一公式。

未來值（FV）＝現值（PV）×（1＋投報率％）^ 期數
＝ $PV \times (1+r)^n$
※ 期數＝經過 n 期
※ 投報率通常簡寫為 r 或 i，期數通常用 n 期表示。

讀者們或許會訝異，這個公式已經在前面章節出現二次，還有新發現嗎？有的，它就是愛因斯坦說的世界第八大奇蹟，我要再說一次：**「如果不知道這個奇蹟，你的投資理財就不可能有奇蹟！」**

🔍 複利有太多好故事

坦白講，多數人看到數學公式，心裡頭會打退堂鼓，我也一樣從來不喜歡數學公式，唯獨這道公式例外，因為它給出了致富的密碼，好消息是，就算你不懂這道公式，

只要懂得它的概念，你一樣可以致富，巴菲特在他最重視的每年給股東的信上，最少就提了3次。他不用公式，而是使用歷史故事來闡述這個複利的效果，我也用相同的方法，因為說到複利，實在有太多的好故事。

我原以為複利這麼簡單明瞭的結果，還需要正式且另闢專文來說明嗎？

分享過去的一個經驗：我的第三本書《華爾街操盤手給年輕人的15堂課》中，就有一篇談複利的故事〈國王要給多少米？〉，我印象中這是以前課本的內容，心想內容會不會太淺，又重複了？

沒想到接受廣播和投資達人訪問時，吳淡如、阮慕驊等幾位名人，以及一些自媒體達人，竟然都以這篇做為訪談內容的主軸，一次兩次我還沒感覺，幾次之後就發現，它其實是許多聽眾聽過但印象還不深的故事，重點是，他們不知道如何落實複利的效果和掌握它的精神，所以我也學巴菲特，講它3年、多年也不厭倦。

先來一則網路上隨手可觸及的故事：

有一富翁的女兒得了怪病，富翁貼出公告，只要有人醫好女兒，他會給出豐厚的酬勞。結果有一位年輕人治好富翁女兒的病，於是富翁給了年輕人以下二選一的酬勞獎勵：

1. 連續 30 天，每天給 100 萬元。

2. 連續 30 天，第一天給 1 元，第 2 天給 2 元，第 3 天給 4 元，第 4 天給 8 元……每一天都是前一天的兩倍，直到第 30 天結束。

年輕人選了第二個獎勵，就算所有的親朋好友都覺得他瘋了，還勸他不要那麼笨：「你要算清楚呀，第一種選擇是 3 千萬耶！」

如果是你，會選擇哪一個呢？

第一種選擇，可以拿到 3 千萬。

第二種選擇，可以拿到的獎勵是，從「2 的 0 次方」累加到「2 的 29 次方」，金額是：**1,073,741,823**。它不只是億元，而是 10 億元，相當於第一個選項的 35 倍。

富翁不僅把錢給了年輕人，還把女兒嫁給他，原因不僅是這名年輕人醫好女兒的病，更重要的是，他必然是有識之士。一來要知道身體結構和醫治病症，勢必要有「學識」。二來沒去參加巴菲特的波克夏股東大會或廣泛閱讀，就不知道巴菲特講述的複利威力。若沒有複利的「見識」，等於徒有醫學的專業，但無跨領域的「生活」知識。為什麼我把理財歸類為生活知識？因為生活中哪一天不需要用

錢來交換和支付一些服務？沒錢，你生活個幾天看看。

最後是他做決策的「膽識」。選擇了第二個獎勵方案，就算別人不贊同他的決策，他也願意承擔自己所做的判斷，不像有些人是「思想上的巨人，行動的侏儒」，在投資決策上瞻前顧後，這樣就太欠缺膽識了。畢竟猶豫一萬次，不如實踐一次！

這學識、見識和膽識的三重結合，結果讓他既得財，又得妻，自然印證了古人所說的「書中自有黃金屋，書中自有顏如玉」。

說完了網路上的故事，我要談一下巴菲特寫給股東年報中的另一則精采故事。我每次進紐約曼哈頓，想看河景和海口，出了世貿大樓往右轉，幾個街口就到了華爾街，著名的銅牛就在兩條路分岔點的安全島上，怒氣衝天的銅牛，蛋蛋被摸得金光閃閃，初來乍到時，我一直搞不清楚為什麼全身那麼多地方，大家一定要摸那個位置？有一次看到歐洲團的觀光客，聚集在銅牛四周，導遊一講完，每個小姐都搶著摸銅牛的蛋蛋，原來那是他們所謂的「生命之泉」。這個解釋得好，那麼前面一、二個街口的華爾街想必也是資本市場的生命之泉。

而腳底下踩的曼哈頓，根據巴菲特給股東的信提到，這是 1626 年，在曼哈頓的印地安人把這座小島賣給臭名

昭彰、揮霍無度的荷屬美洲新尼德蘭省總督彼得‧米努依特（Peter Minuit）的傳奇故事。

印地安人在這筆交易中拿到了價值相當於 24 美元的珠子和裝飾物（trinkets），總督獲得了曼哈頓 22.3 平方英里，相當於 57.5 平方公里的土地，約 621,688,320 平方英尺（大概 5,776 公頃）。

你覺得這項買賣，誰占了優勢？

如果你認為荷蘭人有經商的經歷，所以比較精明，那這一道題你就猜錯了。千萬不要被許多電影中印地安人只會打獵的形象誤導了。巴菲特說，印地安人的精明，永遠會銘刻在歷史上。這個說法有沒有出乎你意料？巴菲特這樣說有根據嗎？

巴菲特 1965 年寫給股東的年報中提到，曼哈頓的房地產價格每平方英尺當時大概是 20 美元，以曼哈頓的總面積約 621,688,320 平方英尺推算出的房地產總值為 12,433,766,400 美元，也就是約 124 億美元，這個數字會讓很多人誤以為，總督做的這筆交易獲得的金額遠遠高於當時付出的 24 美元，總督應該賺翻了。

但巴菲特並不以為然，他認為，相較之下，印地安人其實賺得更多。他表示，印地安人只要能夠爭取到每年 6.5% 的投資報酬率（巴菲特認為部落的基金經理人應該可

以做出這樣的承諾，那麼印地安人就可以笑擁財富），根據巴菲特的計算，6.5%的投資收益率，印弟安人賣出曼哈頓的 24 美元，（到 1965 年）經過了 338 年，會累積到 42,105,772,800 美元，約 421 億美元。

看起來印地安人如果這樣做是贏了，但這個故事還沒有完，它又給出一個驚奇和一個震撼：

1. 驚奇的是，巴菲特這個計算是截至他寫年度報告的 1965 年 1 月 18 日，如今又經過了 56 年左右，這項財富的增加更令人驚豔！

2. 令人震撼的是巴菲特以下的陳述：如果印地安人還能夠努力爭取到每年多賺個 0.5%，讓年收益率達到 7%，那 338 年後的「現在」（也就是 1965 年），就能增值到 2,050 億美元。

原本 24 美元的帳戶金額，6.5%投資報酬率，每年的投資報酬率只增加 0.5%，變成 7%的投資收益，338 年之後，帳戶金額會從 421 億美元，變成 2,050 億美元，相當於這 0.5%投報率的增幅，增加了將近 1,629 億美元，比原先的 421 億美元增加了近 4 倍（這個只是巴菲特對曼哈頓土地面積價格的計算，不包含昂貴的建築，而且這是 65 年

以前的價格）。

這下子，你同意愛因斯坦說：「複利是世界第八大奇蹟」嗎？

這裡同時公告上一篇文章的提問答案，美國股市過去 50 年的年均報酬是 10％，國際股市是年均報酬 9.09％，兩者相差不到 1％，但是 50 年下來的總報酬，美股創造了 116.50 倍的成長，而國際股票成長了 76.45 倍，會相差 52％──（116.50－76.45）÷76.45＝52.38％。現在你應該明白古時的中國商人為什麼說「錙銖必較」了，他們可是懂複利的。

複利，為你帶來財富和樂趣

聽完了這些故事，好聽是好聽，驚豔也好，震撼也罷，問題是你沒有巴菲特的耐心，也活不到 338 歲。巴菲特的股東每年會飛到波克夏在奧馬哈的總部，聆聽巴菲特的耳提面命，他經常能找出歷史故事，告訴股東們耐心的重要性，別怕波克夏股價的波動，朝著既定的方向前進。

為了避免你和有錢人的距離相隔太遠，我選個你可以做到的實例，也是巴菲特在年度報告中提及的，你也符合以下條件：第一，以 85 歲的壽命而言，就算已經 4、50

歲了，也都還有 3、40 年的投資期。一般人都有這樣的時間，不需要像彭祖一樣活到幾百歲，才可以看到複利。第二，投資報酬也在合理之內，這樣的投資工具也在你身邊四周，你所需要的只是兩項：**①充分了解複利的精神，且有堅強的信念。②你絕對不能貪快，除非有把握，而且是賽車高手等級，否則安步當車，小心駛得萬年船。**

巴菲特舉的印地安人買曼哈頓的故事，投資報酬率也只有 6.5％，如果這個你看不上，就有很高的機會要在陰溝駛萬年船了，這不是說你的投資報酬率只能有 6.5％，你還是可以在自己的能力範圍內，持續擴充，但必須敬畏一個穩定且合理的投資報酬率。不要忘了，巴菲特在舉這個例子的時候，他的年均報酬率是 20％，連他的績效如此輾壓一流操盤手的時候，都還如此的謙虛和敬畏合理的投資報酬，你就應該從中領會它背後的智慧。

這也就是他所說的，致富的雪球是找到濕雪和夠長的坡道，這個夠長的坡道就是緩坡，它包含了合理的投資報酬與夠長的時間。接下來我們來看以下的例子，看完，也看懂，掩卷時，就是你變成有錢人的起點，因為你的思維已經改變。

🔍 一張表格，勝過千言萬語

【表 2-4-1】巴菲特複利表
（下述的金額都沒有包含期初投資的 10 萬美元本金）

投資年數	4%	8%	12%	16%
10	$48,024	$115,892	$210,584	$341,143
20	$119,111	$366,094	$864,627	$1,846,060
30	$224,337	$906,260	$2,895,970	?

【表 2-4-1】是巴菲特 1965 年給股東的年度報告中所呈現的，千萬不要小看每個欄位的數字，它們可都有背後的意義，如果你看懂了，不僅了解複利的威力，也會了解美國的投資歷史，並開始改變思想，轉變行為，慢慢會有自己的投資哲學。

在【表 2-4-1】中，請先把目光聚焦在 8% 投資報酬率這一欄，並注意，這只是一個資金成長的表現，已經扣除 10 萬美元的本金，不然金額還會更高。

8% 的投資報酬，10 年複利下來，帶來的成長收益（不含本金）是 115,892，等「時間翻一倍」到 20 年時，資金的「成長收益卻翻了三倍」。而把複利時間再延長到 30 年時，成長收益幾乎是 10 年期的 9 倍，請問如果願意身體力行，確實執行，巴菲特的這個表格，有沒有為你帶來財富

和樂趣？

　且慢，別聽到致富就嗨起來了，還沒下課喔！請再把目光移到 16％投資報酬的 30 年期的欄位，這個欄位沒有數字，你如果有計算機，可以依本文的公式自己按一下，或猜一下。

　想猜的人，又可分好幾類，有些人天馬行空亂猜，有些人按圖索驥，從已知的答案找答案，8％的欄位顯示 30 年期是 10 年期收益的 10 倍，以此類推，16％投報的最後一個 30 年期的欄位，乘以 10 倍，那麼就是 341 萬，恭喜你答錯了。如果就這麼簡單的讓你答對，也就不是愛因斯坦所講的世界第八大奇蹟了。複利當然有脈絡可循，但不是你舊觀念中的想像，錯了再看答案更有感覺，這個金額是約 850 萬美元（$8,484,940），我常說 10 萬美元是我的第一桶金的標準，16％的複利報酬，30 年後約 850 萬美元，請問夠用嗎？

　如果夠用，你又何必追逐台灣媒體說的 18％輕鬆賺？媒體必須用吸睛的標題，這樣才情有可原，但這不是穩健投資者需要跟著起舞的，請你牢記，巴菲特口中的長坡，我個人看法絕對是緩坡，且是可以達成的。懸崖峭壁的山巒起伏，「坡」濤洶湧，你那個財富的雪球，都不知道跌成碎片到哪裡去了！

所以 16％的複利長達 30 年，是高手中的高手，多數人的目標應該是 8％到 12％，那麼就已經是美得非常冒泡了，何況巴菲特用的這個起點也是我一桶金的標準：10 萬美元，亞洲的讀者就應該適度的調高這個起點。

　　複利的觀念與效果，也不只是在投資上，對於生活習慣也是如此，如果你能把眼光放遠，不要急功近利，一步一腳印朝正確的方向邁進，就像蒙格給自己的期許和定下的目標：每天睡覺前能夠比起床進步一點點，長期下來也必然可觀。

　　舉例來說，每天進步 1％，1 年後會進步 37 倍，每天都退步 1％，1 年後會退化到近乎零，每一天小小的改變，都會產生複利效應，帶來豐碩的人生成果。需要注意的是，複利是以極微小的速度，卻累積龐大驚人的能量。

2-5

第二層思考、跨領域學習
的必要和重要

對治鐵鎚人傾向的解方

成功的投資者不會只有
一項工具和單一的學科思維。

　　巴菲特的最佳拍檔蒙格有一個普世智慧的論點，強調
跨領域學習的重要性，不然就會變成諺語中說的：**「在手
裡拿著鐵鎚的人眼中，世界就像一根釘子。」**看世界任何
事，一味採取鐵匠用鎚的方式，一鎚下去。換句話說，這
種人只會用單一專業的眼光來處理所有的事情。

　　為什麼我會強調五大財務規畫「整體」規畫？因為這
幾乎要整合五個專業的面向，所以怎麼可以只用單一的專
業來看待和處理呢？

🔍 專業人士的鐵鎚人傾向

我曾經看過中國大陸一齣很紅的財經節目，有位華人經濟學者像網紅一樣，邀請他演講，機票必須是頭等艙，住宿也一定要豪華飯店。他能言善道，口條也不錯，但似乎少了學者的儒雅謙沖，他會自恃經濟學者的專業，謀策劃略一副無所不能的樣子。

有一次節目邀請了國際著名的投資家，兩人針對一個議題針鋒相對，有不同的看法。經濟學家通常不碰投資，所以欠缺投資的實務經驗，那次我感覺這位華人經濟學者一如平常端出當家霸主的姿態，但他論述的火力全被投資家壓著。我記得這名投資家以非常自信且有經驗的論調對這位經濟學者說了一段話，大意如下：

投資當然可以獲利，你不教課會沒有收入，但我可以告訴你，我不教課、不工作，我銀行帳戶裡投資的被動收入，持續進帳，這還不夠說明你論點的謬誤嗎？

這場論戰的交鋒，多數人都看得清楚，那名經濟學者困在沒有實務經驗的象牙塔裡，他只有用自己單一的經濟模型來解讀投資世界，這也印證了蒙格講的「鐵鎚人的慣

性思維」。

　　你千萬別以為成功的投資家沒有理論基礎，他們要成功，通常有跨領域技能，且可以統合各種模式的成功者。

　　曾經看過以下一段對話：統計學者對經濟學家說，我不需要懂你的經濟，我已經夠忙，有太多的模型和工具要精通熟悉，美國很多藥廠需要大量的統計專家，他們不需要懂醫藥，只要懂統計分析出來的意義。

　　經濟學者驕傲地說，我不但要懂經濟，還要懂得你的統計，要不然我無法進行數據分析，進而應用在我對經濟趨勢發展的解讀。

　　或許哪天投資家加入對話，也可以這麼說：我不但要懂投資的語言、投資標的估值，還需要懂會計四大報表呈現的意義，還要懂你們 10 個經濟學家有 11 種不同意見時的判讀，而且我也必須懂統計學的基本分析。

　　這個故事講完，你應該就可以感受到，為什麼那天節目中談「投資」議題，經濟學者的一個工具不夠用了。

　　蒙格這個普世智慧的概念，指出了許多專業人士通常只思考自己的學科，認定自己無論靠哪一門學科維生，都能解決所有問題，舉例來說，也許有營養學家會覺得自己似乎能治療所有毛病，整脊師以為自己能治療癌症。根據蒙格的說法，向別人學習是不可或缺的，要不然會像手握

鐵鎚的人。

他認為，**對治鐵鎚人傾向的解方很簡單，如果一個人擁有許多跨領域的技能，那他就擁有了許多工具，因此能夠盡可能少犯鐵鎚人傾向引起的認知偏誤。**此外，當他擁有足夠的跨領域知識，並從實用心理學中了解到，人一生中必須不斷與來自自己和他人的這兩種傾向對抗，那麼他就是在通往普世智慧的道路上，積極地邁出一步。蒙格於2000年威斯科年會說，你必須知道重要學科的重要概念，並固定使用——要全部用上，而非只用幾種。大部分的人接受一種模式的訓練（例如經濟學），並嘗試以一種方式解決所有問題。你知道那句老話：**在手拿鐵鎚的人看來，這個世界就像一根釘。這是處理問題的笨方法。**

曾寫過巴菲特投資之路的基金經理人，羅伯特‧海格斯壯（Robert Hagstrom），就以蒙格的普世智慧寫了一本書名為《操盤快思 X 投資慢想：當查理‧蒙格遇見達爾文》（*Investing: The Last Liberal Art*），他在書中提到：「每一門學科會與其他學科交織結合，並在過程中強化，懂得思考的人會從每一門學科汲取重要的思維模型、關鍵概念，結合起來產生完整的理解。培養這種寬闊視野的人，就在通往普世智慧的道路上。」我想這何嘗不是蒙格在事業與人生成功的一個法門。

🔍 第二層思考的重要性

霍華・馬克斯有一本不錯的著作，提到了第二層思考，他也舉例為什麼它很重要。

第一層思考指的是，比較表面和膚淺，也比較直觀和直覺反應；第二層思考，比較深入、複雜和迂迴，不但會考慮其他相關的變數，而且是多元的，甚至會開始做逆向思考。

他用投資的三個例子來做比喻：

1. **第一層思考說：「這是一家好公司，就買這支股票吧！」**

   第二層思考說：「這是一家好公司，但每個人都認為這家公司很好，這支股票的股價被高估，應該賣出。」
   也就是說，第二層思考，不會是只有單一層面的直覺觀察，除了表面看是好公司，還要檢查它的價位是否合理，可以說，第二層思考的人，就是和這件事情相關與相互糾結的變數，都會予以檢查和確認。

2. **第一層思考說：「從前景來看，經濟成長低迷、通膨上揚，該賣出持股。」**

   第二層思考則是說：「因為前景糟糕透頂，每個人

都因為恐慌拋售股票，這時候該買進。」

第一層思考是直觀，第二層思考就有點像投資大師們說的，此時你的判讀必須多一個工具，就是加入心理學，所以也是一個多元變數的分析和思考。正好呼應蒙格所說的：好的投資者不會只有一項工具和單一的學科思維。

3. 第一層思考說：「我認為這公司盈餘會下降，所以賣出。」

第二層思考說：「我認為這家公司盈餘的下降幅度低於預期，意外的驚喜會推升股價，所以買進。」

這個第二層思考，不僅深知市場中的法人投資心理，也了解資本市場的運作和其慣性，進而有了逆向思考的超前布局，可以說第二層思考，是多維空間和變數的思考。

此外，當第二層思考者擁有足夠的跨領域知識，他就是往普世智慧的道路上積極地邁出一步。

霍華・馬克斯以投資為例，我不妨也以五大整體財務規畫，來說明第二層思考的必要性。這個部分我們就留待以下五大規畫的介紹中來闡述。

Part 3.

保險規畫

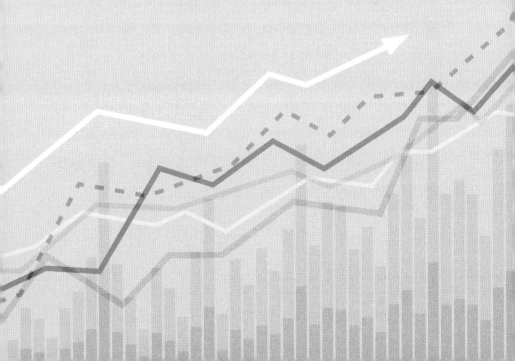

3-1

在保護傘下，
規避人生的風險

保險規畫很重要，但常做錯

買對保險，跟做對投資決策一樣關鍵。

了解保險結構，是第一步。

你準備請客，在賣場裡，老婆對服務員說來兩斤小排骨，夠不夠呢？八九不離十，老婆的經驗錯不了。但買保險可就不是這樣了，這事你得學建築師，蓋多高的房子，需多少的鋼筋才安全？什麼樣的設計符合需求？多少的費用符合預算？安全、舒適和鈔票，每樣都重要。同理，保險不規畫，就達不到預算、安全、符合需要這些功能。

但可惜多數人的保險，不是經過規畫，而是透過經紀人推銷後才購買。保險規畫在五大財務規畫中，是風險控管的一環，但也是我最不願意碰觸的議題，原因如下：

1. 保險業就像社會的縮影，各有不同的利益團體，各自站在自己的立場，任何的分析，你很難服眾！
2. 若想做深入的分析和建立觀念，這一來，勢必擋人財路。理智上，我該這樣做，但現實上，保險從業人員，不是每一個都受過完整的財務規畫訓練，此時就算提出正確的建議，也難有共識，消費者更難以分辨誰是正確的一方。

在美國，我所接觸的華人家庭，就算是夫妻有雙博士學位，資源錯置在保險規畫上的，可能有70％以上的家庭。

朋友來電，希望做財務規畫，他們辛苦多年，但錢都不知到哪兒去了，週末夫妻帶來我要求的資料，我大吃一驚，先生不到3萬5千美元的年收入，家庭卻有1萬美元的支出在人壽保險上，小孩還買了高額保險。

這是不正確的，因為這意味著，小孩發生事故，是大人得到理賠，變成小孩保障大人了。他們當初會買，就是保險經紀人說小孩的保費便宜，這是銷售的成功，而不是規畫的需求做到位。

顯然，這對夫婦①**主要投保對象錯誤**、②**沒買對產品**、③**保險占太多的預算**，排擠了退休金等其他的需求。

🔍 雙十法則

買保險有簡單的雙十法則：

1. 預算不超過年收入的 10%。
2. 保額約年薪的 10 倍。

但這種算法英文叫「Rule of Thumb」（經驗法則），手指頭算的，不是最精準，是可供參考的範圍值，需依個人做修正。有些人低於 10% 的預算都足夠，有些家庭是保額超過 10 倍年收入也有其需要，但重點都在於，用最少的預算，買足保險，買對保險，且兼顧如投資預算之類的其他財務需求。

買保險需從整體財務來思考，保險經紀人若沒站在客戶的最大利益上考量，也許是限於經紀人的知識，或者無法抗拒佣金的誘惑。這問題的癥結在於，當客戶不願意支付費用做規畫時，也就沒有專家可為你的利益把關，那重要的保險規畫，做錯也就不足為奇了！所以，買對保險，要注意哪幾個事項和觀念？

🔍 保險工具，非榔頭鋸子之爭

一句 30 年前的話，你看過都還能記得，那你說它有沒有意義？先說背景故事。

1986 年到美國留學的第二年，迫於經濟壓力，我申請校外打工，成了保險經紀人，公司是互助公司（mutual company），保戶就是股東（台灣應沒有這樣的公司）。

經營得好又是互助公司，所以它終身壽險（Whole Life）的股利高，長期在全美前 10 名，是我的主打商品。

我的同學兼室友，畢業後接觸到另家保險公司 A. L. Williams，簡稱 A 公司，主打定期保險（Term Life），這種保險性質有點像汽車保險，時間一到若沒事，保費歸保險公司，由於保險的設計沒有現金儲蓄值，所以保費也相對低很多。

哪一種產品好？這成了我們辯論的議題。明明研討會上說，儲蓄險就是有利，我還向公司的經理要資料說明這點，我室友不甘示弱，也向公司拿數據，說同樣的預算，先買定期保險，再用差額去投資，整個價值超過儲蓄險。

這場討論總是僵持不下，有一次，躺在床上思考的我瞬間跳起，開著沒冷氣的陽春車，直奔曼哈頓。在高聳的鐵橋上，眼前曼哈頓金碧輝煌的大樓美景，都沒有讓我放

鬆，我滿腦子都是數字的比較，還衝進辦公室，讓電腦跑出預測未來合約的現金流報表，做深入的分析。說服對方了嗎？沒有！因為它已經成了兩家公司不同的信仰。

A公司的創辦人，是球隊教練，他發現，在儲蓄險高昂的保費下，親人在過世前的保險額度根本就無法買足，極少的理賠，對他的孤兒寡母家庭幫助實在有限，因此這個保險一點都沒有協助他們家度過財務的風暴，因此他決心改變，採取直銷方式，掀起了美國保險業的軒然大波，這家公司的員工，像信徒般的集結誓師，橫掃全美，把儲蓄險一個個取代，吸引了媒體的廣泛報導。這種方式，全美好像就只差紐約這州沒有被批准和攻陷。

我和同學依然無法找到共識，直到有一天，消費品評測雜誌《消費者報導》（*Consumer Reports*）一篇文章的結尾有段話引我沉思，大意如下：

傳統保險公司促銷有儲蓄值的產品，藉由高額的佣金照顧他們的行銷人員，而A公司也經由高數量的定期保險，讓直銷金字塔頂端的業務員產生驚人的佣金。不管是何者，保險公司或行銷人員總是有人獲利，那消費者呢？

1991年，當我完成了財務規畫師（CFP, Certified

Financial Planner）課程，取得認證時，回想起當年為了保險產品爭得面紅耳赤，就如同建築師看到蓋房子時竟然有人說槌頭比鋸子重要，但其實兩者一樣重要，因為都有適用的地方！當年看不清的，現在只要把客戶的利益擺在第一位，加上整體財務規畫的考量，什麼樣的工具或組合，其實再清晰不過了！

保險該怎麼買？了解保險的結構是第一步

朋友傳來了一個連環圖的故事：

女孩小敏打電話給小牛問：「你現在過得還好嗎？」

小牛接到後說：「我們都分手了，以後就不要再來電了。」

小敏接著說：「我加入保險公司了。」

小牛回說：「我已經有保險了。」

小敏再接著說：「我要推薦你的這個是意外險，天打雷劈也都有理賠，還記得我們談戀愛時，你對我發了那麼多的誓言嗎？」

小牛停頓了半刻，然後說：「好吧，那妳把表格寄過來。」

對的，此刻小牛需要買的是意外險，不但天打雷劈也賠，更重要的是，年輕時的預算少，每個資源省下來都是為了準備未來資產成長的投資規畫。買意外險有節流的目的，省下的資金，投入投資，期望成長是為將來的開源做準備。

開源節流一直是理財的一個核心，重點是，你要用對的觀念、方法和工具。觀念用來指導方法，有對的方法才會選擇對的工具。

保險該怎麼買？坦白說，你還真需要有第二層思考，但在這之前，你必須像蒙格講的，需要多懂一些其他學科的知識，要不然你買錯的機會相當高。還可能是幫著保險業務員數鈔票的人，因為你無法判讀對方的資訊是否真符合自己的需要？

談到人壽保險，我在美國的經驗是，超過70％以上的家庭，買的並不理想，我認為主要的關鍵在於：

1. 他們並不了解保險的結構。
2. 只有單一因素的考量，也就是鐵鎚人的思考傾向，沒有跟其他投資、稅務等因素一併考量。

因為本書不是保險的專書，我不打算講太細，但壽險

結構還是要做個簡單的介紹，不然一點基礎都沒有，很難往下做第二層思考。

🔍 壽險的分類

在美國，基本上把壽險分成兩類：有現金值（Cash Value）和無現金值（Non-Cash Value）的（台灣應該也適用這樣的分類，以便容易了解）。

第一種類型，無現金值的，我們稱之為「定期保險」（**Term Insurance**），簡單的說，繳了保費之後，出事就照合約理賠，沒事的話，時間一到，保費全歸保險公司，沒有殘餘的現金值，就像汽車保險一樣。

第二種類型，是有現金值的保險，這裡面的變化可多了，我們可以將產品做以下的分類：

1. 終身壽險（Whole Life）

它相當於台灣的傳統型壽險中有現金值的，如①死亡險、②生存險（儲蓄險）、③生死合險（養老險）等。一般來講，繳保費是沒彈性的。

2. 彈性保險／萬能保險（Universal Life）

　　這個保險的投資部分，跟利率掛勾，所以也稱之爲「利率變動型壽險」。保險的中文名，在台灣是從英文直接翻譯，所以將它譯成「萬能保險」，可是一旦了解它的結構，你就知道它一點都不萬能。**它只是代表這個保險的特色是繳保費不管金額或頻率多寡，是很有彈性的**，這是配合老外儲蓄力低、預算少的理財習慣。

3. 投資型保險，
　中文有人稱「變額保險」（Variable Life）

　　就英文字義來說，Variable 是有變動之意，但這個變額指的是它的結果，就型態來講，它是投資型的。

　　爲什麼我覺得稱呼「投資型保險」比較恰當？因爲彈性保險／萬能保險的結果也是變額，所以就不以這個保險的結果來論斷，而以它的投資型態來論，比較容易掌握源頭。一旦進入專爲投資所設立的分離帳戶或個別帳戶，它的投資績效表現與保險公司盈虧無關，就算保險公司破產也不會影響到你這個帳戶的資產。

4. 投資型彈性／投資型萬能保險
（Variable Universal Life，簡稱 VUL）

　　看到英文字 Variable，就知道它是投資型保險，再加上一個英文字 Universal，指的是它的保費繳款時很彈性。一般來講，終身壽險的付費是沒彈性的，但從 Variable 和 Universal 這兩個關鍵字，就可以判讀它是什麼樣的一個保險型態，所以 VUL 它是一個投資型，但付費有彈性，可稱「投資型彈性保險」，或「投資型萬能保險」。

5. 指數型彈性保險
（Indexed Universal Life，簡稱 IUL）

　　這個是美國特有的，台灣應該還沒有引進，如果有，我認為它會有一定的市占率。因為虧損有保證，所跟隨的股市指標成長也多少有一定的獲利。詳情請參閱「Part 5 投資規畫」章節。

　　有現金值的壽險，可以再區分為以下兩大類：

1. 與保險公司的經營有關，保費列為公司的資產，進入共同帳戶（General Account），如終身壽險就是一例，你的帳戶金額，與保險公司的經營好壞完

全掛勾，這相當於你把錢交給保險公司，保費已屬保險公司的資產，公司經營的好壞，得到的分紅，或依合約中的規定，會反映在你帳戶現金值的增減。

2. **與保險公司的經營不完全有關，但與你的管理有關，會設立你個人單獨的分離帳戶**，前述的第 2 到第 5 類都是。這有一點點像司機向計程車公司靠行，你需要繳一點基本會費，但是你願意跑得多，跑多久，這個收入歸你。以下說明如何辦到這一點。

🔍 保費的運用會產生不同的結果

你的保費怎麼運用？有現金值的個別帳戶／分離帳戶，就把你繳的保費拆做兩個用途：

1. 要向保險公司買個 1 年期的定期保險。
2. 其餘的錢進行投資或儲蓄。

這筆資金運用的成果好壞，決定了你的投資帳戶金額高低。你這時擁有的獨立帳號，就與保險公司的經營無關，而是和你的投資管理能力有關。一旦進入分離帳號或個別帳戶，它的績效表現與保險公司盈虧無關，就算保險公司

破產也不會影響到你的這個帳戶的資產。

　　保險公司為什麼願意這樣做？第一，你已經向該公司買了一個定期保險。第二，它每年可以向你收取帳戶的行政管理費，但不負責投資績效，例如：彈性保險和投資保險。這種做法的好處是，保險公司也做到了基本生意，但是留了一點讓你去創造績效的空間。

　　有沒有保險公司也參與投資績效表現好壞的？也算有，比如這幾年在美國很風行的指數型彈性保險，就有這樣的調整。總之，美國的投資產品不斷推陳出新，因應投資環境和客戶的需要。

　　請注意，這筆資金的運用因工具不同，有很多種變化，這個工具的多樣發展與不同的選擇，就和經濟和投資環境的變化有相當大的關係。接下來會簡單的描述，了解這個保險的結構和來龍去脈，我們就比較容易做第二層思考的分析。

保險結構的兩個主畫面

　　再往下分析之前，在這裡先讓自己腦海中有保險結構的兩個主畫面：

●沒有現金值的定期保險

這是把資金運用的決策握在自己手裡，你有一點像批發商，向保險公司購買保障產品，資金管理另找方式。

●有現金值的壽險

這有好幾種運作模式，比如跟保險公司的營運全掛勾，或者半掛勾，保險和資金的運用（投資或儲蓄），都在保險公司的同一個平台，而上述的第一種方式，保險和資金運用，是「不在」保險公司的同一個平台。

有了這樣的結構畫面後，再往下認識保險產品的變革，就會了解變化的關鍵點，一旦清楚了，你就知道自己比較適合什麼樣的產品設計。所以了解保險結構，再明白它的變化，你就已經快掌握到保險如何購買的決策核心了。

🔍 最少的預算，處理四項風險

保險，要處理的風險很多，房屋和車子等產險不計入的話，可聚焦的四大項分別是：**早逝、失能（重殘）、重病和老年**。

如何用有限的預算，在雙十原則中（如預算要抓收入

的 10％以內），來解決以上四大風險，做出明智正確的決策，是重要關鍵。這一點光是對保險有鳥瞰的全貌了解，我認為都還不夠。因為一分錢很難變出兩分錢（特別是在這麼多保險行銷人員的環伺之下，還要避免一分錢不會變成半分錢），這必須用跨領域的多項工具來解決，但在不涉及其他領域的討論之前，**充分了解各式保險的結構、每一項產品的能與不能，以及它的限制，還是有助於資金的有效配置，這對資源有限的多數家庭，十分重要。**

所以花時間投入了解這些事是有必要的，後文也會用提綱挈領的方式，提出我對保險的戰略和戰術的思考方向。我一直認為投資理財，「方向」是最重要的。巴菲特就說，在錯誤的道路上，奔跑也沒用。買對保險，跟做對投資決策一樣關鍵。

3-2
保險該怎麼買？

了解保險趨勢的變革，是第二步。
讓你不會用後視鏡看前方！

　　我很喜歡成長學派的投資大師彼得‧林區講述馬雅文化被毀滅 4 次的經過，乍聽之下，它是一個故事，但背後有其哲理，適用在投資，也適用於保險，在管理上，更是如此。因為它提醒了我們至少一件事，啥事？別問，先聽故事。

　　馬雅人的祖先剛開始逐水而居，在河邊洗衣、做飯都方便，不知道什麼時候來了一場大洪水，族人滅頂不少，大家這時才知道洪水的可怕，討論後決定不要住在水邊這麼低的位置。

　　於是族人決定往高處移動，住在樹上，樹屋說不定就

是馬雅人發明的。這下子河水淹不到，老虎也上不來，夠安全了吧！沒想到竟然又遇上火災，第二次災難的傷亡也很慘重。

學到教訓後的馬雅人，決定遠離水邊，避開樹上，他們集思廣益後，決定住在有一定高度的岩洞裡，這下不怕火，又有一定的海拔高度也不怕水，沒想到第三次災難碰到的是地震，幾乎又一次滅族之災啊！

第四次的災難，彼得‧林區說他不記得了，講故事的人都不記得，我這個聽故事的人也沒去追究。回到講這故事的重點，它提醒我們什麼？

不要用後視鏡的視野，去看前方道路的方向。

有道理吧，但人類真的學會如此嗎？有些人會，但金融界還不會，這當然包含金融界一分子的保險業。

🔍 保險趨勢的變革

回顧歷史，美國一直有新產品，因應需求，挑戰傳統型的終身壽險，如 1980 年代初，美國的十年期利率飆升到 16%，彈性保險大受歡迎，但隨著利率下降，收益變差，

無法達成當年預估,這項保險退保數日增,民眾當然也付出慘痛代價。

●彈性 / 萬能保險的美麗與哀愁

原來,當彈性 / 萬能保險盛行時,保險公司出示的合約未來表現的績效預估說明表(policy illustration),告訴你只要依照「當時」的 16％的利率,你可能只需要付個幾年,終身就有保障啦!但若干年後這個結果 180 度的轉變,從終身有保障,變成終身「沒有」保障。

你或許會說,這不可思議!如果向保險公司抗議,他們也會雙手一攤說,的確不可思議,沒有人會想到 10 年期的利率可以從 16％到現在的 1.5％,順便把合約攤開告訴你,你每年繳的保費,先向他們公司購買了定期保險,再付行政管理費,剩下的就跟利率的產品掛勾,獲利或虧損全轉到你的個人帳戶,這個時候,**「盈虧自負」可是個關鍵詞**,當收益減少但每年購買的定期保險的保險費不停上升,一旦你的帳戶金額無法支付下一年的保險費時,保險就失效了!

為什麼這個保險,我認為翻譯成「萬能」有誤導的嫌疑,充其量只能叫「彈性」保險,主要是因為你繳保費的金額多少與繳交的頻率可以很有彈性,只要你帳戶的金額

足夠付下一年的保費，就可以很有彈性地改變付款時間、頻率與金額，這只有彈性的方便，但沒有萬能的效益。看到上述利率的演變，你就會發現這個萬能保險真的是無能，不知道是哪一個行銷天才，把這樣的保險翻譯成萬能保險，這個人是行銷高手，但也誤導了許多人，對這個保險的危險，也失去了戒心。

●投資型／變額保險，變未必能通

俗語說，窮則變，變則通。窮了想找尋出路，這是人類的本能。變是不是一定就能通，那也不能保證，但最起碼是一個嘗試，投資型保險也就是在困局中，殺出來的一個新產品。

這個困局的背景，就是我們上述所講的：10 年期利率從 16％開始一路探底到 2021 年的 1.5％。而這個利率的巨大改變，讓公債價格飛漲，股票市場也張開雙手歡迎，因為企業的借貸成本急劇下降，公司的盈餘能力提高了，有利於股市的上漲，這時候大家不禁思考，彈性／萬能保險只能領取一點微薄的利息，為什麼不將這個資金改投入火熱的股市呢？這是一個改變的出路啊！

江山代有新人出，各領風騷數百年，美國標普 500 指數的 18％投資報酬率風光 20 年，投資保險因股市的高投

報，搭上的順風車風行了 20 多年，但是 2000 年的高科技泡沫，以及 2008 年的金融海嘯，讓投資型保險變成過街老鼠，到處挨打。這時，所謂「窮則變，變則通」的念頭又出現，根據股市下挫的缺點，再設計與改進，這個時候，投資透過金融商品避險的操作，讓帳戶虧損最壞為零的指數型彈性保險開始登場了。台灣應該沒有這項產品，美國也不是每家保險公司都推出。

2008 年金融海嘯許多人都還心有餘悸，花旗銀行的股價跌到 1 美元時，許多人應難以置信，就如同 10 年期利率，由 16％跌到 1.5％，歷史又跟投保人開了一次玩笑，不同的是，上一次的 1980 年是利率的大變動，這次是 2008 年股市的大震動。

但是當大家紛紛逃離股市的時候，才風光沒有幾年的指數型彈性保險，遇到了王子歸來的挑戰，結果，不可思議的事情又發生了，股市在 2009 年金融海嘯之後，幾乎不停歇的上漲了近 13 年的大牛市，投資型保險又變成了不錯的選擇。

走筆至此，你有沒有發現，**保險公司不斷地推出新產品，想避開上一次的災難帶來的傷害，但是又迎來了另外一個新的災難。**這像不像文章一開頭引用彼得‧林區說的馬雅文化被毀滅的 4 次經歷？

🔍 周而復始的困局該怎麼解決？

用後視鏡的影像，去判斷前方道路的狀況，可是會出車禍的。

最簡單有效的方法，不是在保險這個思維裡打轉，而是學會投資管理，這就是蒙格所說的，避開鐵鎚人的傾向，解決問題，你不能只有一個工具。

投資管理會很難嗎？說難也很難，說簡單也很簡單，看完投資規畫的章節，應該就可以找到簡單、安全、有績效的操作方式。為什麼在這裡又會談到投資管理呢？因為你的預算有限、需求無限，要有多出來的資金，不是只在保險中可以得到。你不能只靠一招就想創造財富，你的思維要拉高，跳到第二層，甚至是第三層的思考，投資管理就是扮演這個重要的角色。對小資族來說，**保險規畫如果沒學會簡單、安全、有績效的投資管理，整體財務規畫上就很難達到很好的效果。**

對多數人而言，在壽險這個部分，你只要買定期壽險，甚至 20 ～ 30 年固定保費的定期保險就可以，因為定期保險保費低，你比較容易做到買足，只要先簡單做這個選項，就可以當成照顧家人的保護傘。至於投資型保險，我們可以選擇不受保險公司干擾的操作，優點是保費非常透明，

而且操作也可以避開許多的利益衝突，這個部分在投資規畫章節會再詳述。

那有現金值儲蓄型的保險，比如投資型或彈性保險、終身壽險等，是不是如同上述的一無是處？當然不是，畢竟有些人適合，比如高資產、高稅率，無法承受股價的波動（不管是缺乏正確的理財教育，還是其他因素）。我曾經看過一位學員，將 1 億 4 千萬的資金，放在銀行定存，像他這樣子理財，就不如撥一些到上述有現金值的保險，產生的效益，有機會比銀行定存高。他的故事有趣，以後有機會再來談。

3-3
保險規畫需要參考哪些準則？

想做好買保險的決策，大原則有哪些？

專業人士應該優先考慮的保障基礎是什麼？

有限預算下買保險，如何把錢花在刀口上？

保險規畫又該有哪些第二層思考？

1988 年左右，我在美國執業的初期，經由會計師的介紹，拜訪了一位從台灣移民、在賓州執業的年輕醫師夫婦，他才開業幾年，就有整體財務規畫的概念，當時算是相當新潮的。

在中國餐廳享受一頓美食之後，我們開始了規畫之旅，因為他住的地方離我遠，要花兩個半小時車程，所以我們的資料蒐集、初階診斷及分析就一併進行。

第一個項目是保險規畫，他和一般專業人士不同的是，他特別關注失能保險（Disability Income Policy），我問

他何故？他說在美國醫學院的時候，教授告訴他們，以後執業，第一個要買的保險，不是人壽保險，而是失能保險，人壽保險是給太太當嫁妝的，失能保險是給自己用的，也不拖累家人。

這位醫學院的教授非常有概念，不僅教導學生醫學專業，還指出了專業人士理財的第一個重要保障基礎。

我常跟專業人士們說，**在還沒有達到財富自由，也就是被動收入可以取代工作所得之前，最值錢的不是車子，也不是要付一大筆房貸的豪宅，而是專業的工作能力。**

專業能力沒有了，所有收入會全部戛然而止，更慘的是，自己說不定還需要有專人來照料，況且家人要長期照顧生病的你，也不是件輕鬆的事，會讓全家在心力交瘁之下，還要為財務的事情煩心，那真的是雪上加霜。

事隔多年，我還真的見識過這種悲慘的事，我在文末會提到有一位專業人士 W 婦科醫生，他因為財務的規畫不當，造成遺憾的人生，這種慘境的源頭，有一部分就在於沒有失能保險。我對這位醫師揮之不去的印象是，風趣、親和又瀟灑，而且醫術精湛，怎麼看都是人生勝利組，而且他在台北的家族事業，當年頗有名。這裡暫不展開他的故事，因為實在非三言兩語能說盡，本書的結尾，他會再出現一下，因為我人生碰上兩次醫療上的困惑，都是他幫

我解答的，然而，他的財務人生，本來有機會救，我卻給錯過了，這是我執業 30 多年來無法挽回的一樁憾事。有機會我會在保險專書上做個案討論，若沒有，此刻的提醒也適時。

再回到失能保險的主題：美國「頂級」的失能保險相當貴，但我覺得定義相對清楚，但許多保險公司都已經不再銷售，因為這個養一輩子的保險對壽險業而言，是保險公司龐大的責任負擔。台美兩地對失能保單理賠的定義和涵蓋範圍不同，在購買前要多加了解。

🔍 台灣的失能保險

台灣在處理這種失能保險上，一般專家會建議用兩、三種組合，構成這個項目的防護網，這種組合就是使用客訴不少的意外險＋殘廢險／殘扶金。

意外險客訴不少的主要原因，並非前面小敏所說的「天打雷劈也要賠」，而是在於它的保費低，所以限制也嚴格，這麼一來，保險公司對「意外」的定義就和「你想像的意外」不一樣。結果，保險公司的意料之外，變成你的意料之內，這一內一外就有很大的差距。

從常識來講，低保費的意外險在保障的額度、理賠範

圍和周密度上，再怎麼說，對於最重要的失能保險都不可能單獨扛下重責大任，畢竟保險公司不是慈善機構。

所以此時，**水泥加鋼筋的補強功能就要有一次性支付的殘廢險與分期支付的殘扶險，或者需要考慮加入兩者的綜合版。**當然，你必須關心保費和保額，但更重要的是，確認它的「給付標準」，比如是疾病或意外，或者兩者都在給付範圍。

這個部分還有沒有什麼需要注意的事？當然有，但與其分散討論，我倒是想和醫療險該注意的事項，一起找出通用的大綱，一則容易抓到處理的大原則，再者，台灣的醫療險實在多樣與複雜，跟壽險又有連結，保險公司可說是想盡辦法，讓你在結帳離開的時候，還要再賣你一盒保險套，在保險公司眼中，管你是牧師，還是神父，只要有保險的，他們都有興趣。

台灣醫療險的複雜度

台灣的醫療險，複雜程度可以集全世界之大成，大概包括以下項目：

1. 六、七大類：住院傷害、重大疾病、防癌、手術、

長期看護等。

2. 契約的型態：主約、附約（Rider）。

3. 保障期間的長短：定期、終身。

這幾個項目交叉變化，組合下來，連有執照的保險經紀人都不見得搞得清楚，要期待一般投保人能瞭如指掌做出正確的判斷，那真是不切實際的想法，怎麼辦？

先抓住大方向，從上述的六、七大類中抓出優先次序，一般專家建議分別是，二擇一型（實支實付型）的住院醫療險＞重大疾病險＞癌症險＞長期看護險。

為了符合這本書討論觀念而非細節，但又不至於抓不到決策所需基本資訊的考量，其他相關注意的事項，我們就用一篇文章來概括。

多數人都適用的買保險準則

每個人都可以把自己經歷某件事的經驗談，整理出一、二句最核心的話，但要一、二句話談如何做好保險購買的決策，還真不是一件容易的事，畢竟台灣保險的種類太多，但這裡一試也無妨，因為這也是測驗我們對一件事情了解後的歸納分析，是否達到提綱挈領的指引。

以下是我認為對多數人都適用的準則參考，對經濟實力較寬裕的家庭而言，可以彈性一些，不必抓得那麼緊，但是對於資源有限的家庭，想要把錢花在刀口上，緊抓和操作這筆預算的嚴謹度是必要的，一直到你接近財務自由為止。

以下是針對購買壽險、殘扶險、醫療險等的參考準則：

1. 緊抓預算，只買定期保險。
2. 省下的錢，使用被動投資＋資產配置的方式進入投資，產生投資效益。
3. 放寬預算買足失能險（意外險＋殘廢險和殘扶金）。
4. 有優先排序且保大不保小的醫療險。

切記，這些準則並不是全體適用，像經濟寬裕的人可以照自己的需求配置。

買保險從資金調配的戰略和戰術思考

以上幾乎是只談結論，語氣接近精簡了，但是背景和來龍去脈就無法介紹。許多人可能還是不知道所以然，以下我們用資金調配的戰略和戰術來思考及說明。

如果只是單純站在保險的角度，選到保費少、福利多的各式保險，你可能會失望，因為一分錢一分貨通常是商業的運作準則。如果要有所突破，讓一分錢發揮兩分的效益，你必須用整體理財的角度來思考，而且把它分成戰略和戰術兩個層面來運用，這樣子才可能有一點奇兵的效果。

　　畢竟保險的種類太多，你幾乎很難天羅地網的涵蓋每一個缺口，那樣保費會非常驚人。

●資金調配的戰略

　　在資金調配的戰略上：

1. **不要在壽險的戰場上糾葛**，用最少的保費獲得足夠的定期壽險、意外險和殘扶險的保障後，趕緊將資源進入會有成長的投資。

2. **這個投資必須使用簡單、安全、有績效的被動投資，積極爭取黃金的 2、30 年投資期**，再藉由這段期間的資產增長，可以將保險的全部依賴，慢慢轉成部分自保，畢竟 2、30 年後，透過穩健的投資，你的資產實力當然已不可同日而語，自然有能力承擔一些風險了，多少可以降低對保險公司的依賴和保費。

3. **這 2、30 年的投資效益，會超過保險公司管理你帳**

戶資金的表現，這個收益的差額，足以讓你在殘扶
險和醫療險上有較寬裕的運用。

4. 有四個小孩的財經達人郭莉芳小姐說，你不敢生小
孩，是因為不會理財，同樣的，**不會用相同的預算
配置足夠的保險，那是因為你不會理財。**

● 資金調配的戰術

在資金調配的戰術運作上：

1. **在壽險的購買上，省錢、摳錢、只買便宜的定期保
險，鎖定 2、30 年保費不漲的定期保險更好。**

2. **壽險中，保險公司所有儲蓄險的還本型，全部謝絕，**
這種保險適用於經濟寬裕、稅率高、不會理財，或
沒有興趣理財的人。

3. **在意外險、殘廢險、殘扶險方面的預算可寬一點，
重點是要買夠，**特別是意外險之類的保費，相對不
會太高。

4. **在醫療險方面，預算的寬緊度可以略為比壽險放鬆
一點，但是依然避免壽險或過高的壽險（主約）等
增高了預算，購買上保大不保小。**七大類的醫療險，
也可依自身的需要排定優先次序，一般而言，是二

擇一型（也是實支實付型），優於重大疾病險，再優於癌症險。

5. **和保險公司打交道，只聚焦在保險這個產品就好**，就像空運的產品別跟海運公司打交道一樣，至於理財上的投資工具，應該優先考慮在基金公司，或者華爾街的相關投資產品，保險公司無法取代基金公司或投信的功能。

儲蓄險和還本型等保險兼具理財的設計，對預算有限的家庭都不適合，那個受益的差距，在投資規畫章節中就可以一覽無遺。

6. **除非是高資產、高稅率的，不然年金的部分，應該優先了解超保守的投資組合**（我會在投資規畫的章節說明），有需要的人必須了解兩者差異，做過對比後，再選擇適合自己的。

🔍 保險規畫的第一層和第二層思考

針對保險規畫，以下是第一層和第二層思考的比較：

●關於小孩的保費

第一層思考：小孩的保費便宜，應該趁著年紀輕的時

候買，買好買足。

　　第二層思考：考慮人的正常壽命約 80 歲以上， 長達 60 年的通貨膨脹，會嚴重侵蝕理賠時的購買力， 在這種情況下，並沒有太好的保障效果，應該留到小孩成家立業時，再依他本身的需要購買，同樣的預算做好投資管理， 效益會更大。

●關於定期壽險

　　第一層思考：定期壽險看起來便宜，但是沒發生事時，保費歸保險公司所有，帳戶沒有留下現金值，不划算，所以不應該考慮。

　　第二層思考：要購買什麼型態的保險，取決於自己的①現金流、②預算、③風險承受力、④對投資報酬的期望，至少要考慮這四種變數。簡單的說，會不會投資理財，投資，才是現金值能否增長的關鍵。

　　只要學過投資的資產配置，可以穩定且有績效的產生效益，通常都會高於保險公司的收益，因為保險公司有管理的成本，所以會理財的人（重要前提），反而是選擇定期保險，因為它具備低成本、高靈活性的優勢。

●關於保險得到還本

第一層思考：買保險如果能夠得到保障與還本，這種儲蓄險是最好的設計。

第二層思考：沒有量化數字，就沒有管理，第一財務公式很清楚告訴我們，橘子不能混成蘋果，一旦把所有領到的錢，化成同一個基礎，不管是現值或未來值，就會得到一個清楚的比較，從專業術語叫做「內部報酬率」（Internal Rate of Return，簡稱 IRR）的計算公式，就會發現保險公司的還本型報酬遠低於一個有市場代表性的指數型基金的投報，對收入有限、資源緊的家庭，不僅是一場錯誤的資金配置，它還造成保險額不足，無法照顧家人，更因為資金配置錯誤，連帶影響應該要成長的退休金的動能，在日後問題都會一一出現，令人扼腕的是，溫水已煮熟青蛙，許多人已經沒有時間再做彌補。

不懂理財，以及不了解前文所介紹第一財務公式的人，才會選擇這種表面看起來很好的生死合險，當然資金寬裕、高稅率的族群可以例外，因為他們有條件可以承受，並不需要每一筆資金都能發揮最大的效益。

相同保額之下，一次領回的「儲蓄險」保費和定期保險對比，通常會暴增 10 倍以上，多次領回的「終身還本型」保費會更高，可能在 30 倍以上都屬常見，有這麼大的差距，

當然會造成資金被排擠的結果，以至於沒有資金提早投資自己的退休金，這彷彿棒球賽局雙殺的兩頭空，也就是落入保額不足和退休金不足的危機。

所以用最少的錢，買到足夠的保險，再將剩餘的錢，進行簡單、安全、有績效的資產配置的投資操作，充分運用兩種跨領域知識和工具的最佳搭配，才能夠產生資金的最大收益效果。而資產配置只用到加減乘除，純粹是一個很容易學習的理財技能，卻是一個非常重要的觀念，而且對多數人也是有效的投資管理。

●關於指數型彈性保險

第一層思考：美國的指數型彈性保險，績效的收益參考和股市的指數掛勾，但指數虧損時，有地板的保護，最壞是零收益，所以是最好的保險。

第二層思考：天下沒有白吃的午餐，這一類型的保險，指數下跌時雖然有地板的保護，但當股市大漲時，分紅同樣也有限，掐頭去尾之後，報酬不見得高。這類型的保險，可能比較適合風險承受力弱的人。對於年紀輕和風險承受能力較高的人，這類的保險其實反而降低了帳戶現金值的成長。要增長帳戶的現金值，還是要學會投資規畫的核心知識，才可以面對這類的問題。

3-4

櫻桃理論選保險

台灣的壽險和櫻桃一樣，沒有競爭力，

但「醫療險」相當有競爭優勢。

　　台灣不是櫻桃產地，冰淇淋上面紅色櫻桃的點綴，賞心悅目，英文有句話「cherry on top」，有「美上加美」的意思。

　　7月返回美東住所已是深夜，助理留有海鮮粥及新鮮的櫻桃，我洗了一把，塞幾顆入口後，我太驚豔了！衝進廚房打開冰箱看是什麼牌子的，完全不是罐頭櫻桃的口感，原來不是櫻桃不好吃，是沒吃對地方和季節！

　　有些產品，台灣就是沒有競爭力，櫻桃和人壽保險就是其一！

🔍 台美保險比一比

台灣保險的劣勢與優勢在哪裡？

當年出國留學，畢業後有位朋友準備回台發展，他買的二手凌志車（Lexus）價錢便宜，自己又用了兩三年，運回台灣因為是自用，好像免了高額的關稅。印象中，當年的進口車好像是100％的高關稅，用意想必有保護國內的汽車工業。

現在，國際上如果還有個產品和台灣相比，不只100％的價差，甚至是200～300％，你會怎麼看待這項產品？

什麼產品呢？就是人壽保險！

是的，美國的人壽保險，相同的保額，但保費比台灣低很多，我們的國民所得比人家低很多，保費卻比人家高很多，這真是一件有趣的事。

但消費者也別難過，如果有足夠的知識，再加上一點國際視野，靈活運用，也可以讓資源發揮極大化的效益。

先了解以下兩件事實：

1. 台灣的「人壽」保險，沒有競爭優勢。
2. 台灣的「醫療險」在費用上，很有競爭優勢。

怎麼運用呢？

●壽險方面

1. 只買定期保險，最好是鎖定 20 至 30 年期，保費預算的透明度最高，費用也合理，至於死亡險、生存險（儲蓄險）、生死合險（養老險）等沒有競爭力的保險，等你變成「好野人」時，再來照顧保險經紀人。

2. 有綠卡、美國公民，或有機會入境美國時間長到可以完成體檢的人，可利用美國的壽險產品，就彷彿省下 200％以上的關稅，但前提是你有這個需求，而不是為便宜而買。

●醫療險部分

1. 壽險可以在國外買（如果資格符合，至於地下的海外保單就免了），而醫療險在台灣買。

   就算是持綠卡、美國公民，特別是有機會在台美兩地移動的，也可以考慮購買台灣的醫療險，省下美國醫療險預算的一小部分，台灣的醫療險應會得到一個較大份額的保障，或補足美國醫療險欠缺的部分。這剛好跟人壽保險相反，原因之一是拜台灣全

民健保和許多優質醫護人員的成果。

2. 失能保險之一的殘扶金，是我認爲在財務自由之前，重要的謀生備案，而殘扶金在以下三種保險類型中都有提供：壽險、意外險、健康險。在健康險之下購買最具優勢，因爲沒有意外險的從嚴認定，也沒有壽險保費較高的問題。

我在前文的投保策略上之所以闡明，不要在台灣的壽險戰場上糾葛，是因爲這並非台灣有競爭優勢的產品，特別是有現金值的壽險產品，你的錢進入保險公司，和他們的營運能力掛勾，不如將資金投資涵蓋台灣 50 大企業的 ETF 0050。像台積電、聯發科、台達電、統一、台塑、中華電信，甚至多家金控公司等台灣的 50 大公司，在你生活中無處不在，你加入他們，比保險公司的經營更安全、有效率，也更有收益。

彼得‧林區選保險的理論

保險規畫，是五大財務規畫中重要的第一步，這一步錯了，常是步步錯。它的挑戰，不是你如何買保險來獲利。沒有人希望買壽險來發財的，它是要保障你的人生承受得

起任何意外的衝擊。除了這個佛家所謂的「人生無常,才正常」的意外之外,你還有一個意料之內的挑戰,就是無知,再加上台灣特有的 30 萬以上的保險從業大軍。

簡單的說,就是有太多行銷人員環伺在你四周,他們的工作一旦是銷售,你就很難避掉所謂利益衝突的隱憂。解決之道就是充實你的理財知識,以及借重對的專家,

然而,就算寫了這麼多的篇幅講保險,可能都還不足以教導你避開所有的地雷,而所謂的專家,也可能是披著羊皮的豺狼虎豹,那該怎麼辦?我想起了成長學派的投資大師彼得‧林區挑到好股票的一種方法。

他有一次拜訪美國的連鎖旅館假日飯店(Holiday Inn), 他已經很滿意假日飯店的各種表現,但快結束訪談時,他順口問了一下:「那誰是你們最強的競爭者?」

假日飯店的高階主管說:「La Quinta Motor Inns。這家旅館連餐廳這種占面積但利潤低的場地都取消了。」彼得‧林區順藤摸瓜,找到了這家旅館,一番深入研究後,徵詢了對手的看法,讓他獲利頗豐。

找到好的保險產品和對的經紀人雖然難,但是找到好的醫生為你動手術的決策更難,該不該開刀?怎麼開?誰來開?你更不容易取得這些資訊,在美國,應對這些眾多專家,尋求決策之前,有一句話:「聽第二個意見(second opinion）」，應用在保險產品的選擇上，你也可採取以下的做法：

1. 如果我上述的指導方向還未能說服你，那麼你應該找保險的專書，再深入研究。
2. 如果你認爲我的說法，符合你的需求，那麼可以先訂 8％的收入預算，分配在以下沒有爭議的部分：

（1）**壽險：**用較少的預算買足定期壽險，台灣的小資族可以考慮短年期的定期保險，比如 1～5 年，之後雖然每年保費會上漲，但不必太過擔心，因爲你的收入也在上漲。至於在美國的華人，最好就鎖定 20 年以上的，不會漲保費，也不必再體檢。

（2）**失能險：**買足定期意外險＋殘廢險／殘扶金。

（3）**醫療險：**如前文所述，六大類保險優先排列順序可以考慮如下：實支實付、重大疾病、重大傷殘、防癌險，而且在有限預算內保大不保小。

實際案例討論，可以看得更清楚，請參考〈3-6〉小帥哥和 A 先生的實例說明。

現在預算有了，先訂收入的 8％，最高控制在 10％，要買的 3 大類保險也有目標了，接著你可以透過親朋好友，或者你覺得可靠的保險經紀公司，請他們在這一個處方箋之內，提出自認最好的配置，處方箋涵蓋不足的，也請他們提出說明。不過你要小心分辨，到底是真的不足，或者又是行銷的伎倆？

　　重要的是，你告訴他們，你有誠意跟他們做生意，但會將他們提供的內容，徵詢第二個意見，也就是第二位保險經紀人或公司的看法，所以請他們在預算內，提供最周延、最好的保險方案，也就是老外常說的「The offer you cannot refuse」（提案好到你無法拒絕）。

　　但千萬要注意，除非你現在已經是「好野人」，否則別碰儲蓄險或還本型之類的壽險商品，要不然預算一定爆表，這本書你也白看了。

　　以彼得‧林區這個向行家諮詢意見的方法，你多少可以簡馭繁，避開太多雜訊，只要掌控預算與大方向，我所建議不足的部分，你也可以透過兩位以上的專業人士來調整和補強，畢竟所有的金融商品也都是在日新月異的調整中，指數型基金如標普 500 和台灣 0050 不也是改變了整個投資的生態嗎？我舉彼得‧林區的這個選股方法，可能是以簡馭繁，給各位選購保險最後的小叮嚀了。

3-5
保險業強，爲什麼經濟不強？

30 萬保險從業大軍的升等

影響你個人財富的，不只是個人理財的能力，
還包括立法的軟實力。
國家如果不能幫助民眾，最起碼不要再加高障礙。

　　2018 夏回台，在台北南京東路商圈的巷弄裡頂了家咖啡店，一則當我的財經教室，二則想學德國投機大師科斯托蘭尼在咖啡店心得分享的雅致，但我果然是東施效顰，咖啡香是繚繞，可是智慧語錄的展放還沒個影子。我發現，店的經營瑣事比管投資組合還擾人。

　　有個週末離開整修中的咖啡館，意興闌珊地走在空曠的街道上，我的手機響了，是吳淡如，她關心我可有特色咖啡豆，讓這店得以經營下去，也順便邀我上財經課，她冒了一句「台灣的投資者很可憐」，我說「這是什麼觀察

啊？」她沒解釋，只傳了張圖，這下引我默然，彷彿看到台灣內需不振，經濟衰退的一個潛因。

台灣的投資者為什麼很可憐？

這張圖中有台灣、中國、日本、德國和美國五地，分別在股票、現金、保險和房地產的資金分布。先不看數據，用生活中的印象來反推這項結果，你認為全世界金融業最強的是哪裡？若猜美國，標準答案，其資金在證券股票上占 32％，是最高，台灣占 18％。（參照【圖 3-5-1】）

美國因這龐大的資金投資全球，以致台灣前 5 大最好的企業，六成為外資所擁有，最賺錢的台積電，還高達八成是外資，這說明什麼？美國這個國家懂得利用資金這項利器，讓全世界一流人才和企業為其打工。

第二個提問是，資金在保險上占第一名的是哪裡？恭喜你直覺正確，答案是台灣，比例占 42％，遙遙領先美國的 24％。台灣若把這 18％的差距去買美國的蘋果、Google、好市多、嬌生或台灣 0050、全球一流企業的指數型基金，台灣民眾的退休帳戶就會受益於企業的獲利，而如同美國民眾因對財富增長有感而敢消費。一邊是良性循環，一邊是惡性循環，你說哪邊是台灣現在正走的路？

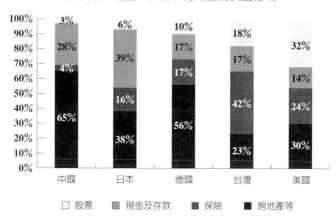

【圖3-5-1】所有的雞蛋在一個籃子

中國、日本、德國、台灣、美國
在股票、現金、保險和房地產的資金分布

🔍 30萬保險從業大軍的背後有何意涵？

台灣保險業的30萬業務大軍，表現如此優秀，為公司帶進龐大資金，每年將近有新台幣3兆，進入保險公司的大水庫，這何錯之有？當然沒有，但保險業的資金，基於理賠的責任，相對保守，要期望能為客戶帶進高報酬，是不切實際的。

這也意味著，台灣許多民眾把保險的產品當做萬靈丹，有許多資金是可能用在教育基金，或更重要的退休基金的

規畫上，但都因為在 30 萬保險從業大軍賣力的銷售之下，這些資金中間被攔截，進入了不該去的位置。

　　保險公司當然也是一個理財的機構，但它主要的產品還是一個保險的功能提供者，這是基金和投資公司無法取代的。同樣的，一旦保險公司取代或占用了該去投資的基金公司，或者華爾街的投資管理的業務，表面上都是錢在不同的機構移動，而事實上，其資金追求的目的，跟資金成長動能都不一樣。一旦配置錯誤，其嚴重性就像戰場上的軍隊配置錯誤，得到的結果就是我們現在看到的，**保險業表面上賺到了佣金，卻賠上了民眾應該有的資金成長收益，民眾沒有賺到錢，自然不敢消費，就沒有內需，導致了少子化的結果，再往下擴散的就是老年化的問題**。沒有人口紅利（勞動人口在總人口中的比例上升），哪有國家的成長動能？這樣一來，賠上的比賺的更多。

　　許多人或許會懷疑，資金配置錯誤哪有這麼嚴重？看一下【表 3-5-1】就知道，台灣多少一流的企業 50％已經是外資持股，統一企業在 2019 年超過 50％為外資擁有（2020 年跌出 50％的名單），這意味著你每天去小 7 購買一顆茶葉蛋，遠方的老外，不知不覺就有 50％的利潤進入到他們的口袋。台積電目前外資擁有 75％，你可能沒感覺，那麼亞洲藏壽司外資占了 70％，你每天吃得很爽，老

外賺得也很爽，高興地說：「謝謝你為我們貢獻和服務」。

　　台灣沒有資金嗎？當然不是，而是我們的法令、立法的視野和運籌帷幄的軟實力都不如人家。

【表 3-5-1】外資持股超過 50% 的台灣上市櫃公司

序	排名	代號	名稱	2021/11/11 外資持股（%）
1	19	3711	日月光投控	78.9
2	27	2330	台積電	74.9
3	32	2345	智邦	70.8
4	35	2754	亞洲藏壽司	70.5
5	38	2360	致茂	69.3
6	42	6409	旭隼	68.3
7	44	2454	聯發科	67.7
8	46	2308	台達電	67.5
9	51	5274	信驊	64.6
10	66	8105	凌巨	59.8
11	68	6239	力成	59.1
12	69	2849	安泰銀	59.1
13	71	3529	力旺	57.1
14	73	5876	上海商銀	56.9
15	74	3675	德微	56.6
16	75	2379	瑞昱	56.5
17	76	3034	聯詠	56.3
18	78	3023	信邦	55.8
19	79	5530	龍巖	55.6
20	84	9904	寶成	54.6
21	86	4551	智伸科	54
22	88	5903	全家	53.9
23	89	9921	巨大	53.8
24	95	3532	台勝科	52.4
25	98	2357	華碩	52.3

資料來源：闕又上整理

解決問題，要靠最接近問題的人

　　問題在哪？套句亞馬遜創辦人貝佐斯的話：「解決問題，要靠最接近問題的人！」是誰？當然不會是保險業務，也未必是保險公司的負責人，甚至可以再往上幾個層級。

　　我初到美國留學時，以為勤奮可創造一流的國家，30年過去了，我現在倒覺得制度和方向，才是關鍵，一如家庭的資源錯置、理財方向錯誤，會像巴菲特說的，你在錯誤的道路上，奔跑也沒用，加速只有離目標更遠！

　　為什麼吳淡如有「台灣的投資者很可憐」這樣的感觸？這給你什麼樣的一個警覺或提醒？

　　問題關鍵何在，你會用什麼方式去解決？

　　如果你是台灣的政務官，或者我們的行政院長、總統，面對一個研究機構所做的報告顯示，我們台灣投入在保險的資金比例遠遠大於其他先進國家，問題關鍵何在，你會用什麼方式去解決？

　　淡江大學保險學系郝充仁副教授在《今周刊》的採訪中說過一段話，我曾在書上引述。因為精采又指出問題核心，所以我在這個議題上再次引用，這段話如下：

　　台灣資產管理產業發展腳步跟不上社會需求，是保險

業資產膨脹的主因，跑到保險業的錢，大多是透過銀行財富管理部門引導民眾買保單轉進來的，這其中，有相當高程度是基於保險規畫的理財需求，先進國家比如美國，是透過401k退休帳戶把龐大資金引導到資產管理產業。他們的退休金資產管理發展蓬勃，是因為政府制定的租稅優惠與閉鎖期的相關配套。我們政府心態過於保守，以及不作為，使得我們的退休金資產管理產業發展嚴重落後！

身為保險系的副教授，沒有站在本位主義，反而客觀地看清楚這個影響的層面和效益，為台灣的內需和少子化的缺失議題提出了改進之道，只是當權者看不出來而已。

「當權」者迷，但我們不能當局者迷，身為保戶和投資者要明白，**保險有它的功能，但不是萬能，要累積退休金，保險不應該是主要工具，你用不著拿自己辛苦賺的錢，支付佣金給沒有為你做好「退休」規畫的人。**

🔍 30 萬保險從業大軍的升等

走筆至此，不禁感慨台灣有非常多上進且優秀的保險從業人員，這在其他國家都是一項非常寶貴的資產，台灣卻不懂得借重。其實只要在法律上鬆綁，讓保險從業人員

也能夠取得專業的執照，販賣各家金融或投信機構的基金。

保險經紀從業人員解決所有理財與財務需求的工具，不能都只綁定在保險上，當他們只有像蒙格所說的一種工具時，那就會有鐵鎚人的傾向，所有的需求都用保險產品來處理。當然，保險產品的佣金比起其他金融產品相對高，這確實有誘因，但另外一個問題是，保險從業人員或者財務規畫師能夠使用的工具有限，以至於 30 萬保險從業人員無法發揮應有的理財規畫的潛力，原本他們可以是理財教育種子的尖兵，但因為法令規定導致工具不足，也間接導致台灣人的退休金不足，民眾只能縮衣節食，以至於內需成長減緩，再回推，這又導致了少子化，而年輕人又困於薪資低成長的挫敗感，這就是一連串惡性問題的源頭。

解決之道，就是鬆綁過時的法規，參考歐美先進國家，讓凱撒的歸凱撒，撒旦的歸撒旦，讓不同目的的資金，發揮它各自的功能。不能因為保險的高佣金，造就了保險從業人員的吸金能力。政府的不作為，造成龐大保險從業大軍也只有這麼一項產品可以好好利用，也造成了寶貴資金的配置混亂。

除了郝教授一針見血的論點之外，另外一個幫凶就是，勞動部目前還緊握著台灣民眾 6％的勞退金自提部分，民眾不能自行管理自己的退休金，這與世界潮流相違，也造

成超過 40 兆的龐大資金停留在銀行的定存，縱有好水源也無法灌溉良田。古人說：「天作孽猶可違，自作孽不可活。」沒有敵人硬要我們訂出這個與世界潮流相違、且弊端已經顯現的法規。當年李登輝總統說出了一句令人感動的話：「民之所欲，長在我心」，用這句話套在現在所有執政黨的身上，還真的挺諷刺的！

3-6

是吳淡如危言聳聽？
還是切中時弊？

保險規畫的實例討論

經過保險規畫的人，

可能會比大部分人多出約 10% 的資金做投資，

快速搶下第一桶金和達到財務自由。

　　我先前寫了 5 本書，從來沒有一本是寫完校稿時，再
補上一篇的，但這篇就是，可見台灣保險市場產品的複雜，
往往是知道，卻不知道如何做到，再加上有些保險經紀人
不見得有規畫的高度和態度，一不小心就偏差了。

　　吳淡如的那句話：「台灣的保險投保人很可憐」，
2018 年乍聽時，我覺得有一點危言聳聽：投保人有選擇權，
保險經紀人也受過職業道德和專業的訓練，何況 2005 年
左右，台灣也已經引進國際財務規畫師（CFP）的制度，
金控公司不是一再強調財富管理嗎？不可能這麼多環節的

設計都無法發揮功效吧！

　　隨著對台灣理財環境的深入了解，以及這些年推廣台灣的投資教育，4 年後的今天，我不得不承認，吳淡如的那一番話，已經不是危言聳聽，而是切中時弊。要求專業人士和保險、銀行、金控公司等財務機構，犧牲自己的獲利，走向以客戶需求為導向與客戶先贏的理財機制，好像也不是件簡單的期待。亞當・史密斯在《國富論》就提到：

　　我們的晚餐並不是出於屠夫、釀酒人或麵包師父的慈悲，而是出自他們的自利行為。（It is not from the benevolence of the butcher, the brewer, or the baker, that we expect our dinner, but from their regard to their own interest.）

　　所以不管你喜不喜歡，也不見得每一個人都有「雙贏」這樣堅定的信念。

　　因此扭轉這個環境的主導力量，除了財務機構的覺醒之外，最重要的是消費者要懂得如何充實理財與財務方面的知識，做出正確的決定。

就算知道保險規畫和挑選原則，為什麼依然會犯錯？

　　順著吳淡如那句話，我到網路上探索，找到了《今周刊》在 2012 年 9 月發表的一篇文章：〈校正 4 個錯誤，戒掉呆保單〉，文章一開始的故事，幾乎是許多台灣保戶的縮影，事後成為保險業務的楊先生感嘆地說他的父親 15 年繳了 660 萬的保費，最後只領回 240 萬的理賠，每年年繳保費近 44 萬。這種沒有「買對」「買足」與「買好」的三大錯誤，幾乎是許多台灣保戶的相同遭遇。

　　《今周刊》在文中提到：

　　根據瑞士再保公司的統計， 2011 年台灣的壽險滲透度（壽險保費占國民生產毛額比例）為 17％，「遙遙領先」世界各國，並已連續五年蟬聯世界第一……依主計處的統計，2011 年平均每人國民所得約是 51 萬，換言之，台灣人每年心甘情願地把 16％ 的所得繳給保險公司。

　　這不但突破雙十原則（保費不應該超過當年收入的 10 分之 1），再者，依美國家庭財務規畫的原則：房地產貸款支出原則上不超過收入的 3 分之 1，但台灣的保險金額

竟然已接近房貸的一半，許多家庭還無法達到買好、買足、買夠這三好標準。我們前幾篇的論述，已經講了很多有關保險的規畫和挑選原則，但是就算各位看完，做規畫的時候失敗的機會依然很大，為什麼？原因如下：

1. 如果你沒有充分了解，並形成堅定的觀念和挑選準則，你會經不起保險行銷人員的說服，一不小心，就變成了保險的銷售，而不是保險的規畫。

2. 為什麼會有這樣的現象？以客戶利益為導向的保險經紀人當然有，但是專業度不夠、以自己佣金為考量的保險經紀人也不在少數。我說的「專業度不夠」，是指保險經紀人並不像財務規畫師會以需求為考量來做規畫，但這不完全是保險經紀人的錯，因為他們對自己的定位是保險經紀人，這是一份以銷售為主的工作。

財務規畫（包含了保險規畫），一直都不是保險公司注重的，因此沒有這樣的訓練與認知，卻要求保險經紀人做到財務規畫師的工作也不合理，這也是我一再強調的，付費諮詢讓保險規畫師和你自己拿回規畫的主導權，不然你損失的代價可能就是諮詢費的十倍。

保險規畫處理人生四大挑戰時要有的認知

我們快速的回顧與整理一下，保險規畫要處理人生的生、老、病、死四個重要的挑戰，但是在這四大挑戰中，不同的財務金融機構各司其責，所以我們要有下列的認知：

●投資成長的任務別找保險公司

上帝的歸上帝，凱撒的歸凱撒，華爾街的歸華爾街，華西街的歸華西街，也就是說保險公司的任務是處理保險的議題，投資成長的任務就別找保險公司了，要不然華爾街強項的東西和產品，你卻在華西街找，可能就會找到滿臉豆花。

簡單的說，在生、老、病、死這四項挑戰中，和老年時所需退休金相關的投資議題和規畫，要先從保險的產品中剔除。在考量投資成長的規畫時，不要列入保險公司。

●投保的項目要考量優先次序和比重

其餘三個議題：半生不死（殘廢、失能險）、病（健康醫療險）、身故（死亡險），確實該找保險公司，但也要考量優先次序和比重問題，我們再來回顧幾個重要原則：

1. **抓大放小，扛不起來的風險才找保險公司。**

2. **別期望保險的保障能做到滴水不漏**：這類的保險，就算收入的一半都不夠，會打亂與破壞整個財務規畫的預算，最終將是一個差勁且不及格的整體財務規畫，因為你不能保險得滿分，其他四項規畫卻沒有妥善規畫。

3. **在淨資產沒有達到 3,000 萬之前，投保的錢要花在刀口上**：你的收入並沒有太多可浪費的空間，以下類型的保險還不是你現在的優先選項，所以不要考慮它們：

   （1）不要選購終身型保險、壽險、健康險。

   （2）不要考慮有現金值或回本之類的儲蓄險：為什麼？因為你要換上有錢人的腦袋，透過投資的知識，創造比保險公司更高的收益，投資要簡單安全有績效是可以做到的，更多的知識請看「Part 5 投資規畫」。好的保險規畫一定是跟投資規畫做連結，不然你還是窮人的思維，你會一輩子無法翻身。

   （3）把握每個人理財的黃金一、二十年，這段期間多使用低保費、高保額的定期壽險、意外

險，必要時考慮產險公司有競爭力的產品，有這一、二十年的投資成長期，運用簡單安全有績效的正確投資方法（請參照 Part 5 投資規畫），慢慢就可以降低對保險公司的依賴，變成部分的風險自保。這才是一個正確、完整的財務資源的規畫。

光是健康險就能吸乾你的保險預算

實驗是檢驗眞理的唯一標準，我們就做個實際的測試，從個案的實務操作中，可以把理論做更深入的運用和檢視。

我以 30 歲、月收入 30,000、年薪 360,000，來進行個案討論，其他年紀和收入的人可以此爲根據，依個人的需要微調。

首先來看看以下的健康險：

①殘廢或殘扶險。
②意外傷害醫療險（也有保險公司經常歸類在意外險，而非在健康險）。
③住院醫療險。
④ 7 項重大疾病險。

⑤ 15 項重大疾病兼特定傷病險。

⑥癌症險。

⑦手術險。

⑧長期看護險。

　　你覺得當中哪一項，是最重要且必須擁有的？相信多數人會覺得都很重要，如果再經過保險經紀人的強調，大概每一項保險都想要了。但是預算就這麼多，如果每一樣都要，你光是健康險就可以把自己的保險預算全數吸乾，屆時就會是保險規畫滿分，但其他財務規畫零分。所以你怎麼取捨？

　　理論談了很多了，我們就從以下的實際個案來印證。

●保險規畫個案1：小帥哥

【表3-6-1】小帥哥保險建議內容提要

保單計價幣別：新臺幣

主被保險人：小帥哥　　　　　　性別：男　保險年齡：30歲　職級：1類
要保人：小帥哥　　　　　　　　性別：男　保險年齡：30歲　職級：1類

商品名稱	代號	繳費年期	繳別	保額	應繳保費
終身壽險	XWS4	20年	年繳	5萬元	1,810元
意外傷害暨兒童傷害失能保險附約	ADE	1年	年繳	100萬元	980元
意外傷害暨兒童傷害失能保險附約（意外傷害醫療保險給付附加條款）（一般型）	OMR	1年	年繳	5萬元	1,074元
日額型意外傷害住院醫療保險附約	AHI	1年	年繳	20單位	1,100元
住院醫療定額健康保險附約	HKR3	85歲屆滿	年繳	1,000元	9,850元
院醫療健康保險附約	HSNC	74歲屆滿	年繳	1單位	10,758元
保險費豁免附約條款	WP		年繳		491元
					總計26,063

　　從30歲要保人「小帥哥」這份經紀人給的建議書【表3-6-1】來看，先檢查保險的類別來檢視有沒有買對。看起來這份建議書有幾個缺點：

1.失能險部分

保額實在不足，這 100 萬的額度實在不足以照顧一個半生不死的傷殘者。

2.壽險部分

（1）根據最基本的雙十原則，保額應該是年收入的 10 倍，但保費是收入的 10 分之 1，所以小帥哥年收入 36 萬，最少最少也要買到薪資的 10 倍，也就是 360 萬。5 萬的終身壽險，保額根本不足。有些家庭甚至還有房屋貸款，更別說還可能有其他如撫養小孩的責任和負擔，所以保險的保障額度要根據需求和責任來設計。

（2）保額沒有買夠，連產品也沒買對，對月薪 30,000 元的小資族而言，應該考慮的是一年定期保險。**買 20 年期的保險根本就忽略了「明天的保障比 20 年後的保障更重要」，現在需要的是足夠的保障，並且有多餘的資金進入投資。**只要照這個方法前進，就有辦法支付 20 年後上漲的保費，而且輕而易舉。

3.預算分配部分

這位保險經紀人的預算分配不均衡，看起來對健康險

相當情有獨鍾，超過 2 萬元全年保險預算全壓在健康險
—— 9,850（HKR3） + 10,758（HSNC） = 20,608。
代碼 HSNC 實支實付的住院醫療險或有必要；至於代碼
HKR3，這種雜支性質、幾十萬保險福利（還不一定有這
麼多）的健康險，用不著耗掉一半的預算、每年近一萬元
來購買。幾百萬以上額度、扛不起的保險才需要考慮。

綜觀上述，便能了解這份保險建議書方向偏了，浪費
了金錢，還沒買到自己需要的。它的問題如下：

◎ 5 萬元的壽險，連喪葬費都不夠。
◎ 失能險也不足。
◎ 這家金控公司，有不錯的產險部門，卻沒有好好借
　重這項保費優勢的報價。
◎ 給了年保費 20,000 元的預算，結果這份建議書是
　26,000 元出頭，不但超標，而且沒有買對、買夠、
　買好。

投保人小帥哥是不是沒有把投保目標和方向，對保險
經紀人講清楚呢？當然不是，同樣的條件、同樣的說明，
我們再來看另外一份給 A 先生的保險建議書。

●保險規畫個案 2：A 先生

【表 3-6-2】A 先生保險建議內容提要

保單計價幣別：新臺幣

主被保險人：A 先生　　　　　　　　性別：男　保險年齡：30 歲　職級：1 類
要保人：A 先生　　　　　　　　　　性別：男　保險年齡：30 歲　職級：1 類

1.健康險：規畫定期重大疾病、重大傷病、癌症險、失能險及實支實付醫療險				
商品名稱	年期	保額	單位	保費
X 公司人壽活力勇健重大疾病定期健康保險（甲型）	10 年期	50	萬元	1,820
X 公司人壽卡安心一年期重大傷病健康保險附約	10 年期	100	萬元	1,950
X 公司人壽卡呵護安心住院醫療健康保險附約	10 年期	10	百元	2,447
X 公司人壽新一年期防癌健康保險附約	10 年期	100	萬元	1,320
X 公司人壽好時光長期照顧定期健康保險	10 年期	2	萬元	1,680
				小計 9,217
2.定期壽險：在準備退休平台購買定期壽險 500 萬				
X 公司人壽 My Light 5 定期壽險	5 年期	200	萬元	1,760
Y 公司人壽——定期壽險	5 年期	300	萬元	2,640
				小計 4,400
3.意外險				
給付項目	方案		保費	
一般意外身故、失能	500 萬			
火災意外身故、失能（已含一般意外身故、失能）	1,000 萬			

爆炸意外身故、失能 （已含一般意外身故、失能）	1,000 萬		
地震意外身故、失能 （已含一般意外身故、失能）	1,000 萬		
一氧化碳中毒意外身故、失能 （已含一般意外身故、失能）	1,000 萬		
電梯事故意外身故、失能 （已含一般意外身故、失能）	1,000 萬		
搭乘特定運輸工具交通意外身故、失能 （已含一般意外身故、失能）	1,000 萬		
搭乘大眾運輸工具交通意外身故、失能 （已含一般意外身故、失能）	2,500 萬		
特別看護費用保險金	250 萬		
特定燒燙傷保險金	250 萬		
一般病房住院日額保險金 （每次傷害給付最高 90 日）	每日 2,000		
加護病房住院日額保險金 （每次傷害額外給付最高 14 日）	每日 3,000		
燒燙傷病房住院日額保險金 （每次傷害額外給付最高 14 日）	每日 3,000		
骨折未住院給付 （依骨折日數表換算給付）	最高 6 萬		
住院慰問保險金 （住院須達 3 日（含）以上）	每次 2,000		
輔助器具費用保險金	最高 5 萬		
食物中毒慰問保險金	每次 5,000		
一年期專案保險費	一至三類		小計 5,129
傷害醫療保險金（實支實付型）	15 萬		
意外門診手術醫療保險金	每次 2,000		
一年期專案保險費	一至三類		小計 611
			總計 19,357

第二份的保險建議書【表 3-6-2】，是給 A 先生的，預算、投保方向和條件完全相同，不同的是，這也是我給一位資深財務顧問來應徵財務規畫師的考題，她在保險業長達 20 年，厭倦了保險公司和金控公司銷售產品的陋習，剛考上財務規畫師（CFP）不久。

來看一下她的建議書有什麼不同？

看看她給的答案，同樣年紀的 A 先生，同樣條件下的保險建議書。

1. 保險種類部分

上面標示著：「規畫定期重大疾病、重大傷病、癌症險、失能險及實支實付醫療險」，而且失能險部分的保額，遠比小帥哥的提案來得周延。

2. 健康險部分

我們一個一個來檢視，健康險部分占掉了將近一半的預算，金額是 9,217 元，但它涵蓋了有重大疾病、重大傷病、癌症險，以及重要的實支實付，涵蓋的險種算是把主要的缺口補上了，而且是保障額度比小帥哥來得多，保障額度增加，但是保費並沒有增加。但這個保險還是有一點調整改進的空間，例如購買一年期，而不是十年期的，有

機會讓保費再減少，讓多出來的預算可以補強其他的福利。

3.壽險部分

壽險的部分花了 4,400 元，算是控制得當，買到了 500 萬的保障，已經超過了年所得 10 倍的 360 萬。但是這裡面買的是五年期的定期保險，如果改成一年期，是有機會再降低保費，增加保額，也就是用相同的預算，再加高保險額度。

4.意外險部分

細心的你，不知道有沒有發現？這位財務規畫師，非常精準地執行我給她的方向，第一個 500 萬的壽險使用了一般的定期壽險，第二個 500 萬的壽險，用意外險而不是一般壽險，使用兩種選項（一般定期壽險＋意外險）搭配來降低保費。這是早期我那個資源缺乏的年代，地瓜稀飯的概念，吃得飽，預算又只要一半，因為意外險的費用比一般壽險低，也借重了產物保險公司保費低廉的產品。

可以說她在我的指示下，1,000 萬壽險的保額，一半是透過壽險公司提供，一半透過產險公司的意外險。

這幾項保險的花費是在 19,357 元，控制在我給的

20,000 元預算之內，而且把需要照顧的保險大致都涵蓋了，況且這邊還有再改進的空間，因為我整個只使用了年薪 36 萬的 6％預算。比起許多沒有規畫的人，不小心付出 16％的年收入，又沒有買好、買對、買夠保險，這位 A 先生經過保險規畫，只花了 6％的年收入，比起國內多數沒有規畫而耗掉 16％年收入的人，他可以多出約 10％的資金進入投資，快速搶下第一桶金和達到財務自由。你說專家的知識、經驗和財務規畫費用是不值得的嗎？

多數的財務專家，其實都有這個能力來執行上述的規畫，只是做與不做而已，問題是為什麼他們不做？

我給這位財務規畫師出了這道考題，並告訴她，這份保險的規畫要不同於一般保險經紀人的思維，她回答我：她知道要以客戶的利益為優先考量！

雙贏其實並不難，不過是經營者和主事者堅持這個正確但還不是主流的理念，而專業人士也能認同，並且配合先讓利而已！

希望這個個案討論，能夠把我們前面所談的原則、方向，做一次有意義的沙盤推演和全盤規畫的演練，讓你也懂得如何借重專家和保護自己。

保險規畫的延伸閱讀

　　《全方位理財的第一堂課》這本書的設計，是五大整體財務規畫的簡介，既然是全面性鳥瞰的說明，就不可能細到如專書一樣的深入和結構性的講解。

　　我的保險規畫專書，預計要一年後才會出版，這段期間一定有些人需要充實保險方面的知識。

　　保險規畫是人生進入財務山海關──五大財務規畫旅程中重要的第一站，這一站沒處理好，要麼經不起風險的來襲，要麼資金消耗得過多，以至於沒有多餘的資金進行最重要的投資活動，影響深遠，國內這方面書籍寫得不錯的很多，略提下面四本供參考。其中，第二本和第四本書，分別是時報出版和天下雜誌出版，這兩家出版社輔助作者時，在結構、編排方面，就做到了邏輯清晰的整理，不要小看這一點，作者和編者的合力演出才是一篇佳作。

1.《平民保險王》，劉鳳和

　　如果你的淨資產，不含房地產，在 2,000 萬以下，這本書優先參考，作者提出投保人該關注的五大類保險，基本上涵蓋了重要的保險該注意的缺口，這本書最大的特色是邏輯簡單，內容直指一般平民所需，閱讀也相當容易，是快速建立「平民」保險規畫的重要概念，不至於讓過多的資訊淹沒。

2.《錢難賺，保險別亂買》，朱國鳳、邱正宏

　　這本書從買對、買夠、買好保險的三大需求出發，結構

性嚴謹，內容也相當豐富，如果你是喜歡閱讀，也只能選一本的話，這本書是首選，但是因為內容不少，所以要快速見林、見樹，一般讀者恐怕需要投入一些時間，如果不是專業人士，恐怕只閱讀一遍還不夠，這是讀者要有的準備。

3.《理財顧問教你這樣買保險最聰明》，吳盛富

作者是財務規畫師，本身也有銷售保險的商品，有一定的實務經驗，他的專業訓練也在書中觀念的指引中呈現，作者以「保障型」保單與「儲蓄型」保單做為兩大討論的主軸。第九章給小資族的保單規畫，包含對保險提綱挈領的規畫提醒，也有財務規畫師的經驗分享。可惜的是，作者用心，但出版社在編輯上沒有做出最好的呈現，還有進步的空間。

4.《聰明買對健康險》，李雪雯

台灣的健康險，複雜程度真是蔚為奇觀，如果上述三本書，讓你對保險有結構性概念之後，想再深入了解健康險與保險從業人員，這本書就是一本詳盡的工具書了。

李小姐在書中提到最好的健康險方式，深得我心，也是我多年執行的方法，說是非傳統，其實是最正確的做法之一：

（1）在投保預算上，把錢花在刀口，買應該會有需要的醫療保險，例如我們只給上述個案中的 A 先生，一年 6％到 8％的收入預算，也一樣可以保護到大部分的風險，然後將多餘的預算差額，趕緊進入「安全、穩定、有績效」的投資策略（請參照

Part 5 投資規畫），因為這些資金的成長，未來將會扮演重要的部分自保保險，不僅降低了對保險的依賴，而且更有實力過好退休生活。

（2）第二件重要的事，是接下來過一個「不生病的生活」，這也是我在《阿甘投資法》一書中推薦健康保健的書之一。

花一堆時間精力研究健康保險，不如投入一些時間了解自己的身體運作、健康生活、營養及運動，不然就算有再完整的保險，在醫院裡頭當猴子、當白老鼠，你不但不會快樂，而且也遠離了真正的財富。

我這幾年買了不錯的健康醫療險，繳了這麼多年保費，一天也沒用上。我壓根兒就沒有打算用保險公司的這些保障，我的做法就是上述兩種：①累積財務的實力，有能力買較好的保障額度。②過一個健康的生活，遠離醫院。

在寫作的當下，又發現了一些不錯的健康保健的書，比如《劉博仁不藏私的功能醫學新王道》，這封面的副標題訴求，就是我個人認為正確的方式之一：「不對勁就吃藥的時代過去了，吃藥不如吃對營養，過對生活，小毛病不會變成大毛病」。

均衡的人生財富，當然也包含了健康，所以不是買一大堆保險，而是有保障卻都不要用，我身體力行的朝這個方向靠近，也是最好的理財經驗分享！

3-7
保險規畫——美國篇

看著老美指數型彈性保險能有 4%到 6%的投報率，
台灣保戶要是可以有這樣的投報率，該有多好啊！

　　讀者 A 帶著小孩到美西參加夏令營，返台前想買份人
壽保險，希望我幫她檢視是否合宜，一看原來是美國這幾
年流行的指數型彈性保險（IUL）。

　　回顧歷史，美國一直有新產品，因應時代的需求，挑
戰傳統型的終身壽險。

　　美國 1980 年代到 1999 年，這 20 年的美股以 18%的
複利成長，投資型保險颳起旋風取代了其他的保險，然而，
金融海嘯過後，消費者最渴望的是可承擔下跌風險的產品，
這時指數型彈性保險應運而生，廣受歡迎。這和以往的彈
性／萬能保險，或投資型／變額保險，有何不同？不同之

處在於，以往與利率、股市密切關聯，現在則是跟著指數起伏，比如標普 500 指數。

它受歡迎的特性是，當標普 500 指數在金融海嘯那年虧損 37％時，你的帳戶下檔風險最多是零報酬，所以你不會有虧損的年份。但是它也有所謂的上限（Cap），例如 12％，當指數上漲 20％時，你也只能拿到上限的 12％。它同時還有參與率的規定，有些產品就只能有 80％的參與率，那麼以上限 12％再乘以 0.8，你得到的就只有 9.6％的報酬。

這樣的設計，讓保戶多少參與了經濟的成長，但規避了虧損的風險，這是與時俱進。怎麼可以做到股市下跌時不虧損？因為一開始就做了對股市避險的設計，只要保險公司有這樣的考量，結合證券投資專業上的避險操作，應該就可行，就算不行，也可以委外來管理。

檢視金融海嘯後的年報，帳戶現金值年均複利大約在 5 ～ 6％之間，要解約時，如果已過了罰款年限，那相當於投保期間的保險免費了。

聽起來這個保險好像完美無缺，但並非如此。如果可以承受波動，金融海嘯後，進入投資型的保險，福利會更優於掐頭去尾的指數型彈性保險，因為這幾年是牛勢的上漲態勢。美國有許多保戶，不分情況，連可以承受波動，

有長期投資期的小孩，也購買這類長期投報受限的保險。這就是資金錯誤配置，以及從單一的保險思維，看整體財務多元規畫所造成的錯誤。

我的論點是：

1. **沒有一項保險工具是萬靈丹**，適用所有的族群。
2. **保戶若不了解保險產品的結構，會很輕易被誘導去購買錯誤的產品。**
3. **指數型彈性保險或投資型彈性／投資型萬能保險確實可以解決部分族群的保險和理財需求，但是要達到最好的效果，也要了解「和投資結合」這個重要的第二項工具，特別是被動投資＋資產配置的做法，**可以達到雙劍合璧，充分運用保險公司和華爾街的投資商品，真正達到資金效益極大化的目的，這對資源有限的家庭特別重要。

專業工作 VS 任何工作的失能保險

美國頂級的失能保險，還強調**保障原先的專業工作（Own Occupation）**，只要收入下降，有醫生證明，就理賠，而且你不需要接受保險公司合理的訓練，從事

非自己原先的專業工作。至於一般的失能保險的定義是，失能後可接受任何職業的訓練，從事任何工作（Any Occupation）。

頂級的失能保險，可能超過許多家庭的預算，退而求其次，選擇一般失能或意外性的失能保險，透過公司團保或醫師協會之類的職業工會，保費都相對合理，在創造收入的黃金 2、30 年、羽翼尚未豐滿、家人還需被保障時，多加注意一下這個失能保險的部分。

在美國購買保險的整個思考邏輯、預算分配，跟在台灣相同。保險和投資也盡量分開，各用各最擅長的工具，各司其責，效果會最好。

醫療險部分，台灣的醫療險性價比相對來得高，如果有兩地往來，可以省下美國醫療險的部分預算，做為補強。

它所需要的只是投資和避險上的結合和操作，以國內金控的人才，應該有此實力。就算沒有，國際人才也可以來達成。這是壽險公司的眼界看不到，還是法令的限制綁死了？

看著老美指數型彈性保險能有 4% 到 6% 的投報率，且相同保額，費用只要台灣的一半，台灣保戶要是能夠有這樣的投報率，該有多好啊！一想到這，感慨之餘，櫻桃又吃了它半包！

Part 4

稅務規畫

4-1

合法省稅是權利，
找回遺漏的財富

不管稅率 20％和 5％，都應自提 6％勞退金，
真是這樣嗎？

看過棒球比賽中的盜壘吧？盜有偷，趁人不備之意，
盜壘有道德上的瑕疵嗎？沒有，是球賽的規則，稅務規畫
也是如此。

不知你對以下的場景有沒有印象：

各位聽眾，這是中廣記者李大鵬在曼谷為你所做的亞
洲盃籃球賽的實況報導，現在是中華隊對日本隊，離終場
還有 20 秒，中華隊目前以 2 分領先，球在日本隊手裡，不
停地在隊友之間互傳，看來有意拖時間，想在最後幾秒才
出手，讓中華隊沒有反攻的機會。

時間剩下 15 秒，球又傳回了中間的後衛，接下來球傳到左側，一個妙傳到了右線，形成一個空檔，日本隊 7 號切入投籃，哨聲響起，中華隊唐志強明顯拉手犯規，現在日本隊罰球，時間剩下 7 秒，第一個罰球空心入籃，現在雙方差距只剩下 1 分，如果第二個球也罰進，就打成平手，進入延長賽。

　　現在第二個罰球出手，球在籃框晃了一圈、二圈，第三圈掉出來，現在球歸中華隊，由控球最穩的洪溶哲拖時間，一個閃人運過中場，時間剩下最後 1 秒，出手投籃，球未進。各位聽眾，中華隊獲勝，全場啦啦隊歡欣鼓舞。

　　如果中華隊沒有唐志強的「技術犯規」，就無法以一分之差擊敗日本隊，作家王鼎鈞先生說得好：「像足球、籃球這樣激烈的比賽，從來沒有一個球隊，完全無人犯規，結果贏得冠軍。也從來沒有一個球隊，完全違反規則，結果也贏得了冠軍！」

　　球賽有規則，在這規則之內都可進行設計和規畫，省稅規畫也是如此。不在法規下，你自創的不繳稅，叫「逃稅」；在灰色地帶，可能叫「避稅」，至於在法規下的規畫，就叫「節稅」。就個人而言，在規範下合法省稅是權利。

　　稅法的制訂，有稅收平衡或引導資金去處等政策考量，

如美國購買壽險的保費不能抵稅，但在台灣有 2 萬 4 千元的抵稅限額。能納入列舉扣除額的項目裡，有捐贈；從上市公司大股東的轉讓清單，可看到親人之間的贈與，目的是資產從高往低稅率的家庭成員移動和規畫遺產。此外，抵稅項目還有自住房貸與租金支出等。

稅法的規則多嗎？當然多，但台灣算是好的，美國的稅法據說如果以 200 頁為一冊，有 40 冊之多。本書的概論部分，沒有打算細談稅法，而是聚焦幾個重要的第二層思考，而這也只是從一維空間、單就稅法角度來看問題的盲點。若能清掉這幾個盲點，也意味著財源能滾進你的荷包，舉例來說，是否應該額外加入 6％的勞退金自提？

自提 6％勞退金的第一層和第二層思考

每個人是否都應該額外加入 6％的勞退金自提？

●第一層思考：只要有省稅就參加

薪資上，除了「雇主」給員工的 6％勞退提撥以外，「自己」還可以決定要不要再投入 6％的薪資，這個 6％因為可以抵稅，所以每一個人都要參加。

●第二層思考：有省稅未必符合整體財務規畫的考量

微小稅收減免，不見得抵得上其他好投資的最大效益，而且從整體財務規畫的考量下，或許我的情況不適合，所以不應該參加。

要不要從你的薪水中，再抽出 6%，配合雇主的提撥，加入自己的勞退基金帳戶，這是一個贊成和反對兩方都有人站台的議題，而且這些人還都是專家。

我看過知名網站、報章媒體，以及會計師的稅務著作提到，「要利用」自行提撥 6% 勞退金可以省稅的機會，投入自己的退休帳戶。

我也曾經幫一位作者寫了書的推薦序，她在書中的論點，反而是提醒每一位勞工「不要」投入 6% 的自提勞退金。因為她認為，目前台灣的勞退基金不能選擇適合自己的投資方式，而是交由勞動部代操，歷年來績效截至 2020 年底年均報酬率大約只有 3%，相較於台灣的指數型基金 0050 的 7%，績效太差，所以不值得投資。

有關於自提勞工退休金，許多人沒有注意到的是，雇主為你提撥 6% 薪資的退休金，這是企業責任，但自己「也可」提撥最高 6% 來節稅，這不同於「勞保」，這筆錢是「勞

退」，在你的個人勞退金帳戶，一輩子跟著你走，和換幾家公司無關。

這個論點到底誰對，誰錯？眾說紛紜，也總要有一方是最接近事實的論述才對，我的看法是兩方都只說對了一半，因為考量的因素都不夠周全。

贊成自提的一方，漏掉了投資這第二個變數。反對的一方，漏掉了台灣稅率有 5 個等級，從 5％ 到 40％ 這麼大差異的五個等級，自然不可能每一個人都一體適用。

常說沒有數字，就沒有管理，也就不容易有決策上清晰的分辨，所以我做個分析，不只是一個「稅務」專業領域的考量，而是再把「投資」這個第二工具考慮進來，答案就豁然開朗。

是否自提 6％勞退金的考量重點

選個知名網站所提的例子，案例都在 65 歲退休：

1. 小資瑪麗 30 歲，月薪 5 萬，稅率 5％，若自提 6％可節稅 1 千 8 百元（年薪 60 萬，最多只能自提 6％，60 萬 ×6％ ＝ 36,000，接著 36,000×稅率 5％ ＝ 1,800 元）。

2. 單身的李總 40 歲，稅率 20％，每年放 10 萬在勞退金，約節稅 2 萬。

3. 資深陳總 50 歲，稅率 30％，每年放 10 萬在勞退金，約節稅 3 萬。

4. 王董今年 50 歲，稅率 40％，每年放 10 萬在勞退金，約節稅 4 萬。

該網站文章提到，不管稅率 20％和 5％，都應自提 6％勞退金，真是這樣嗎？

兩個有趣的思考，在美國自提勞退金不放滿絕對是錯誤，在台灣則不同，因投資被限制，二是我強調財務需要「整體」規畫，稅務和投資要一併考量。

不信你看數據，在績效的部分有以下兩組數據：

●假設情況

這時間點是截至 2020 年底，3 組成績的績效，分別是勞退年均約 3％，台灣 0050 年均約 7％，美股標普 500 年均約 10％，略做折扣後以 9％做計算。

●實際績效情況

時間點是從 2005 年起，截至 2021 年的 8 月底。這兩

年的勞退基金有不錯的表現，年均報酬提升到 3.45％，但同期間的台灣 0050 表現更是出色，到達了 10.22％，美股標普 500 年均 10.30％，結果如下：

（※ 註：以下四個人都有三種投資方式的比較：①就是享受 6％ 的自提可以抵稅的方案，但是只能進入政府管理的帳戶，而這個帳戶的績效約 3％。②不要參加省稅方案，直接扣完稅後投資台股的 0050，約 7％ 的報酬。③一樣不參加省稅方案，直接扣完稅後投資美股，約 9％ 的報酬。）

（1）小資女的瑪麗 30 歲：①每年自提 3 萬到勞退帳戶，年均報酬率 3％，離退休有 35 年的投資期，帳戶是約 187 萬。②若選擇寧可扣完稅以 2.85 萬（3 萬扣掉 5％ 的稅），再自行投資放在年均報酬率 7％ 的台灣 0050 則有 421 萬。③放在年均報酬率 9％ 的標普 500 是 670 萬，這都遠高於勞動部管理的勞退基金績效的 187 萬。

（2）李總 40 歲：①每年放 10 萬在績效約 3％ 的勞退金，20 年後退休，帳戶是 276 萬。②若選擇寧可扣完 20％ 的稅後，每年將 8 萬（10 萬扣掉 20％ 的稅）放在年均報酬率 7％ 的台灣 0050，得到的成績是 350 萬，或③美國的標普年均報

酬率的 9％，成績為 446 萬，這都遠高於勞動部管理的勞退基金績效 3％的 276 萬。

（3）資深陳總 50 歲，稅率是 30％，距離退休還有 15 年：①每年放 10 萬在自提的退休帳戶，如果是績效 3％的勞退金，退休時帳戶金額是 191 萬。②如果是扣完 30％的稅，每年只有 7 萬投入在年均報酬率 7％的台灣 0050，得到的帳戶金額分別是 188 萬，以及③標普年均報酬率 9％的投資工具，成績為 224 萬。

這麼說，台灣的自提 6％勞退金沒有誘因？不然，這要看你的風險承受力、年紀和收入，從【表 4-1-1】可以得出 20％稅率以下的，勞退自提的誘因幾乎沒有，但稅率 40％情況就不一樣了。

（4）王董今年 50 歲，稅率 40％，15 年的投資期：①每年放 10 萬在自提的退休帳戶，績效 3％的勞退可有 191 萬。②如果選擇扣完稅，只有 6 萬元可投資，就算放在台灣 0050 的 7％，金額只有 161 萬，比勞退還少 30 萬。所以對投資期較短、稅率較高或風險承受力較低的族群，可充分利用這個自提 6％勞退金的省稅計畫。

也就是說王董的稅率 40％，那麼縱然勞退績效

只有 3％，不如市場上的一般市場指數型 ETF 投資工具，但這個績效還是好於銀行的定存。把這個自提勞退金的投資，視爲防禦性資產的布局，其他投資的部分，就可以依比例降低防守型的資產，做爲積極的成長攻擊型來相互搭配，這樣子就有稅務和投資計畫做結合的考量。

在這樣的情況下，20％稅率的人，毫無懸念的，在扣完稅之後，投資台灣和美股的指數型基金績效，都好於勞退基金，但更令人訝異的是：

（1）5％稅率的瑪莉，投資台股會比勞退多出 140 萬，投資美股會比勞退多出 500 萬。

（2）20％稅率的李先生，不要政府的省稅方案，扣完稅後，不管是投資台股或美股，也都優於政府操盤的勞退績效，大約多出 80 萬和 140 萬。

（3）30％稅率的陳總，若每年扣掉 30％的稅錢才能夠進行投資，誘因也就下降，一半一半，如果只有 7％的投資報酬，兩者差距不大，就不如參加自提勞退金，但是如果有 9％的投資工具，績效還是好於勞退，多出約 60 萬。

（4）至於最高稅率 40％的王董，【表 4-1-1】可看得
出，7％、9％的投資報酬率應都誘因不大，就很
值得參加勞退自選。

（5）不過要注意的是，如果把時間軸推到 2021 年
的 8 月底，勞退基金的績效提升了，從 3％到
3.42％，可是台股和美股的績效更加亮麗，特別
是台股部分，如果以截至 2021 年 8 月底的實際
績效來看，以上四組稅率的績效，哪怕是 40％
稅率的王董，寧可繳稅後再自行投資，都好過於
勞動部自提 6％勞退金的省稅方案。

【表4-1-1】假設情況下，投資績效：勞退3%、台股0050為7%、
美股標普500是9%。（時間2005～2020年底）
不同稅率的4個案例，採取3種投資方式的比較

對象		瑪麗	李總	陳總	王董
距離退休年數		35	20	15	15
稅率		5%	20%	30%	40%
每年自提勞退金額		30,000	100,000	100,000	100,000
節稅總額		52,500	400,000	450,000	600,000
自提勞退帳戶（3%）		1,868,278	2,767,649	1,915,688	1,915,688
不參加自提，先扣完稅	再投資不同標的表現				
	投資台股（7%）	4,215,534	3,509,214	1,882,164	1,613,283
	台股與勞退的差額	2,347,256	741,565	-33,524	-302,405
	投資美股（9%）	6,701,055	4,461,162	2,240,238	1,920,204
	美股與勞退的差額	4,832,777	1,693,513	324,550	4,516

※ 註：

1. 台股與勞退、美股與勞退的差額，正數值代表，寧可繳完稅後去投資，比自提6%勞退金的免稅方案更理想。負數值則代表，該稅率的人參加勞退可以得到福利。

2. 數字都已經考慮扣完稅再投資後的結果。以目前台股和美股的「實際表現」，不管目前稅率多高，扣完稅後自行投資的計畫，都高於自提6%勞退金的省稅方案。但是40%稅率的族群，領先幅度沒有很大的差異，考慮投資組合的波動度，40%稅率的人，其實應該參加政府6%自提勞退金的省稅方案。

總之，**政府的這項減稅方案，對民眾無益，不參加還更好**，其中有 1 組數據，特別令人感觸良多，就是稅率為 5％的瑪莉，她是需要被照顧的小資族，她如果接受政府的宣導，加入了自提勞退金，只能獲得 200 萬的退休金，但她如果寧可先被扣稅，再參加台灣和美國的經濟成長，也就是投資台灣和美國股市的指數型基金（請注意不是投資單一個股，而是投資不會破產的 0050 和標普 500），她可以多出將近 700 萬。（\$9,127,728，對比 \$2,048,513，參照【表 4-1-2】）。

老天鵝啊！我們的政府到底是幹什麼的？是什麼樣的思維？到今天還不准勞退自選，也就是民眾自提的 6％勞退金，還不能自行管理，一定要交給政府，由恐懼「打破要賠，有功無賞」的公務員來管理，也就是民眾無法參與台灣經濟的成長和發展，這是什麼樣大有為的政府思維，不能幫助小資族這些勞工階層也罷了，還要設下這麼多的障礙？到底是幫人民，還是害人民？

民眾自提 6％到退休帳戶，該不該做？取決於你的稅率、退休年限與風險承受力。贊成的稅法專家，如果只從稅率的單一因素考慮，漏掉了投資的效益，就得不到完整的答案。財經作家的反對，是考慮了省稅和可投資績效兩個因素，卻漏掉了台灣稅率有 5 個級距，這不同級別的稅

率，在投資和稅率雙重的效應下，會產生不同的結果。

如果改變一個變數，就全民都適用，不管你的稅率高低，都是值得做的一件事。這在海外先進國家早已實施多年，那就是**開放勞退「安全自選」**，選擇不會破產的指數型基金，設計三種風險程度不同的投資組合，積極、穩健和保守，因為是指數型基金，所以不會破產，可以達到簡單、安全、有績效的結果。當台灣立法有這麼一天來臨時（勞退可以「安全自選」的時候），每一個人都應該踴躍參與，因為不管從什麼稅率級別來講，都會得到省稅的福利，也不會損及投資的效果極大化的追求，所以當這麼一天來臨時，要改變態度勇於參與。

如果在美國，所有的人都應該參加，因為他們不管是公司給的福利，或自行提撥的退休金，都可以自行管理，而且可以選擇全世界有競爭力的各式基金，台灣的台積電或 0050 有外資的退休金進入，就是一例。而我們勞退自選，自行管理的這項立法，台灣有這樣的構想已經有 30 年了，卻無法落實，就可以知道台灣在軟實力上的落後。

自提 6％勞退金，原本應該是全民都適用，且有利整個台灣經濟的發展與內需的推動，但因政府的設計不良，導致有些人可用，有些人不宜，可做生魚片的食材，做成了魚鬆，可惜啊！

【表 4-1-2】實際情況下，投資績效：勞退 3.45%、台股 0050 為 10.22%、美股標普 500 是 10.30%。（時間為 2005 年～2021 年 8 月）不同稅率的 4 個案例，採取 3 種投資方式的比較

對象		瑪麗	李總	陳總	王董
距離退休年數		35	20	15	15
稅率		5%	20%	30%	40%
每年自提勞退金額		30,000	100,000	100,000	100,000
節稅總額		52,500	400,000	450,000	600,000
自提勞退帳戶（3.45%）		2,048,513	2,910,229	1,988,625	1,988,625
不參加自提，先扣完稅 再投資不同標的表現	投資台股（10.22%）	8,958,642	5,178,989	2,494,819	2,138,416
	台股與勞退的差額	6,910,129	2,268,759	506,194	149,791
	投資美股（10.30%）	9,127,728	5,228,885	2,512,101	2,153,229
	美股與勞退的差額	7,079,215	2,318,656	523,476	164,604

※ 註：

從本表中可見 2005 年到 2021 年 8 月的投資績效，以 40%稅率的人而言，就算寧可被扣 40%的稅，剩下 60%的錢投入台股指數型基金的 ETF 0050，對比參加自提可省稅的方案，還多出 149,791。更令人訝異的是，如果像瑪麗這種稅率只有 5%的小資族，兩者差距會高達 6,910,129（8,958,642－2,048,513）。是的，你沒有看錯，參加政府自以為德政的勞退自提，小資族少掉了 690 萬，這個原因就在於勞動部不允許勞退自選，不讓民眾選擇 0050 與台灣經濟掛勾，勞動部成了一個「愛之，適足以害之」的最佳劊子手。

4-2

人生的大哉問，稅的三小問，開啟了稅務規畫的序曲

稅法是法，也是規則，多項規則的融合及運用，
就是合法節稅的奧妙之處。

2019 年新冠肺炎爆發，社區的封城或國家的鎖國，有人說這管理之道，其實就是人生的大哉問：你是誰？你從哪裡來？你要去哪裡？

基本的稅務規畫也是根據這三個問題，構成了一個多元變數的矩陣，每一個不同情況之下，影響的稅務層面就不一樣：

1. 你是誰？

決定了你是外國人，還是本地居民的稅率，當然有它的影響。

2. 你從哪裡來？

包含的不只是你的人，還有收入來源從哪裡來？這決定了你課稅的項目和稅率的高低。

3. 往哪裡去？

資金往哪裡去，不只是產生的收益不一樣，不同項目的收益，產生的稅率也不一樣，比如投資公債、股票、房地產、基金，後面收益產生的稅率都不一樣。就算同樣是基金，收益還要分國內與國外的來源，稅率會有所不同。

可以說同樣是鈔票，有時放左口袋，不扣稅，放在右口袋，就要扣稅，而這個就構成了稅務合法規畫的誘因。

🔍 被忽略的延稅龐大效益

在台灣，有一個跟稅務及投資有關的議題，很少看到好好討論，倒是在那個微小不多的指數型基金的管理費糾結了半天，到底是 SPY 好，還是先鋒基金的 VOO 划算？這兩者的管理費，SPY 是 0.09%，VOO 是 0.03%，兩者的管理費都很低，實在無需在這裡分高下，先鋒基金的系列管理費都很低，可以優先考慮，但是決勝負的經常是投資的決策，比如 2019 年新冠肺炎時，你有沒有在驚慌中

殺出，還是逢低補進了？哪一個重要不可言喻，大方向的決策，遠比枝微末節更重要。

但有個數據的判讀，我覺得很重要，30年前看到【圖表4-2-1】時，這數據給我的印象非常深刻，透過這張圖表，讓我更了解巴菲特的操作哲學，這是美國的理財規畫師很注重的，但是台灣很少人討論和給予應有的重視。台灣的財經專業人士們知道，也提過，但不知道是不是台灣證券的資本利得免稅，長期下來給忽略了，或者是對投資的複利的敏感度弱了一點，所以沒有這麼強烈的感覺，很少人以數字量化思考，但這張圖表的數據在我腦海深印了幾十年。

這樣說吧，我曾在很多電視節目提到，許多基金經理人和巴菲特，就算是同一天買同一檔股票，兩者之間的績效大概差20倍，節目主持人經常會不解的問，為何如此？因為彼此持有的比重不同，成長的攻擊力度自然也不同，就以可口可樂和美國的運通卡這兩家公司為例。

巴菲特持有最重比例大約在35％到40％，一般基金經理人能有2％的持有，就算是重倉持有了，巴菲特持有40％，就相當於20倍，可口可樂給巴菲特帶來的成長不只10倍，巴菲特重押35％以上的比例，也不只玩了一次，印象中最少有3次，而且都成功。

這是投資的功力表現，跟我們今天要談的稅務規畫有關嗎？當然有，巴菲特對數字的敏感度與管理是極其卓越的，不要忘了，他大概 12 歲就開始自己報稅，稅務規畫這檔事，他是熟悉且精明的，因爲那時候他就是一個賣可樂、撿瓶子的小小企業主，所以也就有報稅的需求，但未必需要繳稅（因爲那時他的收入還太低）。

巴菲特強調的是「稅後總報酬」，所以這檔事他是重視的，這件事多少應該也影響到了他的投資哲學跟操作，什麼事呢？請接著看。

🔍 延稅，有這麼大的差異嗎？

巴菲特曾說，他的投資標的最理想持有的時間是永久，而一旦有延稅的投資，不要說是天荒地老，海枯石爛這麼長的時期。就一般人都有的投資時間 10 ～ 40 年，來做以下的比較。

【圖表 4-2-1】中呈現兩種操作策略：

1. 正常投資的操作，賺了錢就繳稅。
2. 賺了錢，但延稅，假設以 28% 的稅率，投資報酬率是 10% 爲例，【圖表 4-2-1】可以看出演算的結果：

【圖表 4-2-1】延稅與不延稅的差別

①期初投資 1,000 元　　②稅率 28%　　③投資報酬 10%
兩種算法：A. 獲利繳稅　B. 延稅

28% VS 完全延稅				
稅務情況	10 年	20 年	30 年	40 年
28%的稅率	2,004	4,017	8,051	16,136
完全延稅	2,594	6,727	17,449	45,259
差異比例	29.41%	67.48%	116.74%	180.49%

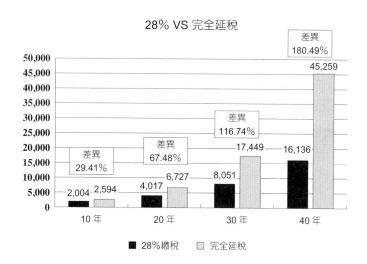

28% VS 完全延稅

◎ 10 年期下來，延稅的帳戶會多出約 30％的收益。

◎ 20 年期下來，延稅的帳戶會多出約 67％的收益。

◎ 30 年期下來，延稅的帳戶會多出約 116％的收益。

◎ 40 年期下來，延稅的帳戶會多出約 180％的收益。

這意味著什麼？

可口可樂公司的股票在巴菲特手中超過 40 年。而一名基金操盤手短進短出，不懂得使用延稅的效益，一賺錢就先扣 28％的所得稅，相較之下，30 年下來，就比巴菲特長抱延稅的收益差了一倍，約 116％，見【圖表 4-2-1】。

這裡強調的是同一檔股票的操作，至於是不是早點賣掉可口可樂，買 Amazon 或蘋果的投報更好？這是另外一個投資的議題討論。

撇開巴菲特，就以你自己為例，如果你的朋友投資充分使用了延稅的效應，而你不懂得使用，30 年下來，你的投報只有別人的一半，你要多工作 30 年，才能夠得到相同的效果，你作何感想？

以上是 10％的投資報酬率做的比較，如果投報降到 7％，差距就不會有這麼大，但依然很驚人，如果碰到投資奇才巴菲特的年均報酬率是 20％，那就更嚇人了。

🔍 在台灣找延稅項目

美國延稅的產品相對豐富，台灣就少了，不過還是可以找出一些，這就是你和會計師或財務規畫師討論的重點之一了，找到一項，說不定你付的十年顧問費，全都賺回來了。

要在台灣找延稅項目，可以提出幾個，以下是其中兩個的簡單論述：

1. 股利的減少，也就是不參與除權除息。

2. 成立投資公司（如果其他條件也符合需要）。

美國是鼓勵投資長期持有，超過一年持有期的股利會以較低稅率計，台灣剛好相反，沒有獎勵，還要給予懲罰，股利併入所得以外，還要有一個二代健保補充保費。

稍微可以慶幸的是，在投資理財方面，台灣還是可以找到一個小空間的稅務規畫操作，例如：

●不參與除權息可以產生延稅的效益

股利收入高的投資者，就有不參與除權息的做法，可以在除權息基準日的前一天賣出，除息隔天再立刻買進。

希望台灣的稅法，能夠早日與國際接軌，真正延稅的工具，應該是在全民的勞退基金上，而不是間接鼓勵短線交易。

●證券資本利得免稅

台灣基金多半不配息，而是直接累積轉入本金，基金獲利贖回時，以資本利得免稅來處理，這對高稅率的人是一項可供借重利用的工具，但是出售股票應繳證券交易稅，成交價的 1,000 分之 3。

●海外所得

因為海外所得給了一些國內所得項目沒有的誘因，也就是說你可能有海外所得，但卻不需要繳稅，兩個關鍵數字：①海外所得 100 萬元以上、②「基本所得額」超過 670 萬，才有可能課到最低稅負。而你在台灣的股利或利息所得，哪有這麼高的免稅金額？

舉一個例子：你在台灣有 250 萬的所得，跨入 30％的所得稅率，如果也有 250 萬的股利，還記得我們前面所說的嗎？收入從哪裡來，是個關鍵因素，如果股利是來自國內，你也選擇分離課稅 28％，那麼要繳 70 萬的稅（250 萬×28％＝70 萬）。如果這個股利是來自海外，就變成了海外所得，雖然列入最低稅負制，但是沒有超過 670 萬的

扣除額，太神奇了，傑克！這一筆海外所得是免稅的。

還有一件美麗的事，基本稅額除了有 670 萬的扣除額，稅率是 20%，也低於國內綜合所得稅最高的 40%，所以適度的規畫，可分配收入到海外所得的這個項目，不但合法而且節稅。

◎背景簡單介紹：我們沒有萬萬稅，只有重要的三個稅

幾乎每一個國家的國民，都感覺他們是萬萬稅，所以我們要繳的稅，自然不會只有大家熟悉的①綜合所得稅，還另外包含了②分離課稅，以及③最低稅率。這一共有三項，看似不利，但懂得運用，其實也可以產生一些節稅的空間，適用最低稅負制的海外所得就是其一。

最低稅負制，正式名稱為《所得稅基本稅額條例》，應該是參考美國的最低稅制（Alternative Minimum Tax, AMT）。

簡單說，對節稅高手而言，節稅做過頭了，還是要把一些抵掉的項目再加回來，多少要繳一些該付的稅。該繳多少最低稅，是由「基本稅額」決定，不只是各位的「綜合所得淨額」。請注意，基本稅額有好幾個項目組成，綜合所得淨額和海外所得都是包含其中的項目，這部分我們暫不細論，可以參考延伸閱讀，或以後有機會我們專書來

討論。

海外所得總額就是其中的項目之一（但要注意，這裡指的是一個家戶，而不是個人），這個看似不利的稅制，只要懂得運用，其實就有節稅空間，上文就是很好的說明。

●善用某些金融商品的「分離課稅」

分離課稅，就代表不會併入綜合所得稅，造成稅率拉高，這些商品有公債、公司債、金融債券、短期票券、金融資產證券化商品，以及華人喜歡的不動產投資信託。

以上這些適用分離課稅的金融商品，大多只課徵 10％ 的稅率，而且不併入綜合所得總額。如果以上的金融商品，適用於你的投資組合和風險承受，那就「此物最相思，願君多採擷」。

●成立投資公司的節稅之道及優缺點

成立投資公司，一般而言有四種福利：

1. 延稅（分配盈餘的時間點，可自行彈性決定，選擇綜所稅較低的年度發放）。
2. 開支可列報營業費用（個人投資帳戶則無此優點）。
3. 股權財富傳承的方便性（股權傳承的方式相對容易

管理，股權比例切割轉讓，幾乎沒有什麼太多的作業費用）。

4. 繳未分配盈餘稅 5% 取得的投資效益。公司當年的盈餘，如果沒有發放給股東，有 5% 的未分配盈餘稅，這個看起來是不利之處，不過懂得上述的延稅效益之後，這個 5% 的未分配盈餘稅就不太值得在意，若以 28% 的稅率為例，**因為相較於發放給個人股東有高達 28% 的所得稅，選擇不發放股利而繳 5% 未分配盈餘稅相對節稅許多，所以寧可付這 5% 的稅，取得後面更大的投資效益和成果**，有兩個主因：這個 5% 的稅，是指當年度未分配的一年部分，不是經年未分配的 5%，又再產生的投資效益的累積。5% 的扣稅和沒有扣，兩者之間的差異十分有限。

　　成立投資公司，不會是完美的，也有它的缺點，特別是證券交易所得，以目前國內稅法，在個人名下的證券**「資本利得」**是免稅的，但是在投資公司名下，是要繳稅的，如果所得來源是「國內」，那麼要繳一個 12% 的最低稅負制，所得來源如果是在「國外」，就要有營利事業所得稅 20%。

　　如果是**「股利所得」**，前面提過了，若股利收入來自

「國內」是免稅所得，但是未來發放給股東時，股東那時候就要繳稅了。若來源是「國外」的話，同樣就要有營利事業所得稅 20％。若有保留盈餘不分配，則有未分配盈餘稅 5％，但前面提過，這個部分影響太有限，可以忽略不計（【圖表 4-2-2】可以充分證明）。

綜觀上述的優缺點，如果投資策略著重於**「交易」**，收入來自於資本利得的，應該使用個人名義開戶，充分利用台灣資本利得免稅的特性。如果投資策略著重在**「股利」**收入，而且有其他需求，那麼成立投資公司有其優點。

風險提醒：若是原本已經是個人持股且多年皆適用高稅率如 40％的個人，又對所持股之被投資公司有重大影響力，突然改利用投資公司做稅務規畫，進而大幅降低所得稅，會有被稅務局以實質課稅原則要求補稅加罰的風險。

合法節稅的運用，不會只有以上這些，這只是兩個範例，透過第二層思考，以及運用跨領域的第二種工具（如投資），有興趣的讀者，可以探索這樣的節稅方案。稅法是法，也是規則，多項規則的融合及運用，就是合法節稅的奧妙之處；透過會計師、財務規畫師或相關稅法專家，是以簡馭繁的最佳方法，畢竟一般讀者要熟悉這麼多規則的組合並不容易，有時候一個轉彎，它的差異就很大，你

只要把握你的專家團隊是結合跨領域，將五大領域的主要核心和精神全都列入考量，這樣的稅務規畫才能夠和五大整體財務規畫相呼應和契合，也是比較符合需求的。

【圖表 4-2-2】延稅（但要先扣 5%）與不延稅的差別

假設條件：
①期初投資 1,000 元　②稅率 28%　③投資報酬 10%
兩種算法：A. 獲利繳稅　B. 先扣 5% 的未分配盈餘之後再延稅

28% VS 扣 5% 再延稅				
稅務情況	10 年	20 年	30 年	40 年
28% 的稅率	2,004	4,017	8,051	16,136
扣 5% 的未分配盈餘之後再延稅	2,582	6,697	17,370	45,054
差異比例	28.83%	66.72%	115.75%	179.21%

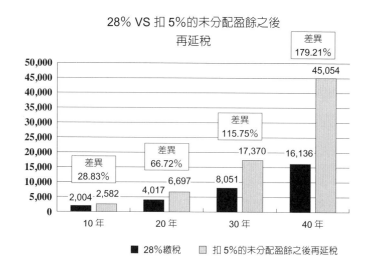

28% VS 扣 5% 的未分配盈餘之後再延稅

延伸閱讀

1.《節稅的布局》，作者胡碩勻

我在這本書中的推薦序中提到，稅務規畫就是合法的創造財富，不懂規則，不但輸在起跑點，也流失了金錢。

胡碩勻擁有會計師和財務規畫師的雙重身分，讓節稅有了布局和規畫的意涵。這本書涵蓋所得稅、遺產稅、贈與稅與房地合一稅，範圍相當廣，想對稅務規畫進一步深入研究的，值得參考。

2.《艾蜜莉會計師的十堂創業必修課》，作者鄭惠方會計師

對創業者會觸及的稅務與會計資訊，本書是很好的參考內容。

4-3
稅務規畫——美國篇

省稅，就連巴菲特也有興趣和關心。

不要小看每一個細節，

就算只能省稅個 2,000 美元也不無小補。

在美國也有一個稅務規畫的議題，困擾著許多美國華人和專家，那就是：應該將繳過稅的錢進入保險帳戶當做退休金，還是把錢放在可以抵稅且延稅的退休帳戶？這是一個眾說紛紜，雙方論戰不休的議題。

朋友傳來了一支很受歡迎的影片，內容是一名美國著名會計師講解如何理財，他的論點是不要將太多的資金投入在退休帳戶，因為錢放退休帳戶雖然可以抵稅，但是領錢時要繳稅。他鼓勵使用人壽保險來累積這些現金，因為保險帳戶的現金值（Cash Value）提用時不會有所得稅的

問題。

　　我告訴這位朋友，我並不完全贊同他的論點，因為他犯的錯誤是：

1. 只有從稅法的單一角度去思考，完全忽略掉投資的效應，比如微小的複利，長期下來卻是一個驚人的差距。這是第一個錯誤。
2. 稅率有好幾個等級，美國的稅率從 10％ 起跳到 37％，有 7 個級距，台灣則從 5％ 到 40％ 有五個級距，最高稅率的人與最低稅率的人，怎麼會用同樣的策略？

　　他必須以多維空間、多維變化來考慮策略，卻用單一思維，也就是在他眼中只有稅法，處理所有財務的問題都從稅法的思維一鎚下去。

　　你認為，看過前文探討後，有複利觀念和完全沒有概念的人，兩者在投資決策的思考會不會有變化？會計師如果沒有這種敏感度，對四大財務報表的製作與分析，沒問題；但要做出好的財務規畫，必須涵蓋投資領域的知識。我前文提到，有沒有複利的觀念，在投資決策考量上有極大的差別，更何況投資規畫中的戰略和戰術需要考慮的因

素，遠比複利的觀念來得多。

人壽保險雖然有延稅的功能，但是收益成長效率太低，以火車速度等級來區分，保險收益的成長好比是普通車的速度，而有些投資，像台灣 0050 可能就是快車的速度，而美國標普 500 就是普悠瑪號的速度。會計師沒有考慮列車的速度，只想到都是在鐵軌上行駛的車子。用生活中的常識來比喻，你比較容易明白。現實中，那位會計師就犯了這樣的錯誤。

🔍 為了少繳稅，你會選擇一個投資效益較差的工具嗎？

可以說上述的舉例，高估了保險公司的收益，也低估了投資的效益，這裡再來溫習一下，巴菲特在波克夏年報中給股東的信，介紹複利的列表就可以很清楚看到，30 年的投資期下來，4％的年複利產生的投資收益約 22 萬 4 千美元，而 8％的投資效益約 90 萬 6 千美元，這兩者的差距驚人，相差了 4 倍，金額差了 68 萬美元。

更何況，許多保險公司目前的收益 4％都達不到，而 8％的投資效益就已經達到 90 萬 6 千美元，相差了 4 倍。更別說美國過去 90 年期間，投資標普 500 的

ETF──SPY 年均報酬率是 10％。換成 10％的投報率，你可以想像這個數字嗎？答案是 164 萬美元，約是保險帳戶若有 4％收益的 8 倍。

請問你願意因為擔心投資收益增加而要多繳稅，然後為了少繳稅，所以選擇一個投資效益較差的工具嗎？有人確實會因此而選擇較差的投資工具，這是盲點。這裡簡單整理一下，分析如下：

1. A 君的投資效益有 10％，但要扣 40％的稅，比起 B 君有 4％投資報酬率，只要繳 20％的稅，哪一個人扣完稅後的淨收益比較高？A 君是 6％的淨報酬，B 君卻只有 3.2％，各位看出差異了嗎？

2. 影片中的美國會計師，還有一個盲點：因為這是退休金，所以美國人都是在退休時才會動用這些錢，退休時通常不再有薪資的主動收入，收入減少，自然也不會有 40％的稅率，所以 A 君的稅率 40％，是高估的不利假設。

3. A 君退休時每年要拿多少錢，才是他最佳的稅率，他是有權利與彈性來調節的，當年他如果有其他虧損，就可以多提一些來對沖較多的收入提款，有這樣的彈性運用，怎麼會是死死的訂出 A 君一定要繳

最高稅率的假設呢？

就算退一萬步，用美國目前最高的 37％ 稅率，8％ 所產生的投資報酬率 90 萬 6 千美元，扣 37％ 的稅，淨額是 57 萬，也比 4％ 保險帳戶所產生的 22 萬 4 千美元，要多出 154％。如果是 10％ 的投資報酬，所產生的投資報酬 164 萬，扣 37％ 的稅，淨額是 103 萬，就算繳完稅之後，都還是保險帳戶 22 萬 4 千美元的 4 倍，多出了 359％——（103-22.4）÷22.4，差異更大。

4. 以上還沒考慮保費不能抵稅，而退休金的存放有項巨大的福利，那就是可完全從收入中 100％ 扣除。

綜觀上述，可以發現這位會計師所犯的單一思維的盲點：他只以為保費是稅後的錢投入，日後領錢時，運用借款方式，不需要再扣稅，這個收益會大於提款時要繳稅的保險金。

任何人只要沒有複利的概念，不管他是何種（稅法的）專家，就難免會有鐵鎚人的傾向，當然無法從整體的角度來做規畫了。

保險經紀人如果建議使用保險帳戶來取代退休帳戶，也一定會出示電腦說明表來支持自己的論點，不過這時你

需要仔細去檢驗每一項假設條件，微小的假設差異，經年累月的結果會產生極大的不同。

基本上，保險的歸保險，投資的歸投資，想要用保險取代所有的投資工具，這本身就是一個違反邏輯的常識，如果保險產品又穩健、報酬率又高，如此的萬能，可以取代所有投資商品，那華爾街就應該關閉了。投資產品尤其是在股市裡承受較大的價格波動，所以股票長期會給予較高的投資報酬率，做為這種價格波動的回報，這才會合理，所以每一種商品都有它的用途和功能。

使用保險產品報酬要能夠擊敗美國標普 500，有一個可能，那就是使用投資型保險，但長期機率還是很小，因為這個保險產品必須比標普 500 成績高，而且長期都要高出一、兩個百分比。因為保險公司的投資型保險產品，都要付出摩擦成本，不管是投資組合的管理費、行政費用、提早贖回的罰金，以及給出去的佣金加起來，要擊敗美國的標普 500 這個指數型基金，難度真的是很高很高。

資源有限的家庭，不要考慮這類提供現金儲蓄值的保險產品，投資與保險分開，對你是最安全、經濟和最有效的。資源相當充裕的家庭，因為有投資分散的考量，就不一定要完全從資源效益最大化的立場來考慮了。

【表 4-3-1】巴菲特複利表
（下述的金額都沒有包含期初投資的 10 萬美元本金）

投資年數	4%	8%	10%	12%	16%
10	$48,024	$115,892	$159,374	$210,585	$341,144
20	$119,112	$366,096	$572,750	$864,629	$1,846,076
30	$224,340	$906,266	$1,644,940	$2,895,992	$8,484,988

　　複利表就是複利表，沒有所謂的巴菲特複利表，但這個是他曾經在年報中給股東的信裡提到的，所以我覺得特別有意義。

　　【表 4-3-1】中，我加了 10％的這個績效欄位，有兩個目的：一個是反映美國標普 500 的績效，第二是讓你看得出來微小的差距，30 年後的成果相當驚人。

全年度的省稅計畫

　　有次到加拿大洛磯山脈旅遊，在幾天行程中的某天，導遊一上車，拿起麥克風特別高興地說，今天是 7 月 1 日，是我們加拿大上班族值得慶祝的一天。大家一陣疑惑，後來導遊說明在加拿大 7 月 1 日，意味著前半年賺的錢是繳稅給政府， 7 月 1 日開始，賺的錢是我們自己的，這是導

遊藉此苦中作樂，消遣一下政府，也順便介紹加拿大是一個有社會主義色彩的國家，稅賦高。

如果照此推論，美國報稅在4月15日，那麼等於3個半月的工作所得歸美國政府，大約占全年所得額30％，相當美國的中高稅率級別，如此一推算，導遊講的還真的不無道理。台灣每年5月1日報稅到5月底如此推算，報稅的最後一天，相當於41％，大約是台灣的最高稅率，這下引起我的興趣，歐洲這些社會福利國家，報稅的時間是不是延到了八月份？

省稅，幾乎是多數美國公民都有興趣和關心的，連巴菲特也不例外。巴菲特在投資上的資本利得稅，那可是精打細算，但有趣的是，他把賺的錢90％又捐給社會，對他來講，賺錢是一個習慣，花錢則是一個生活態度和價值觀。

在美國稅務規畫的變化可多了，年初、年中、年尾的省稅最後一班車，但是效果最理想的，就是全年度的省稅計畫（All year around tax planning），事實上不只一年，好的稅務規畫其實甚至橫跨好幾年，特別是贈與稅和遺產稅的規畫。

不要小看每一個細節，如果能夠找到幾個項目，一年可以省稅個3,000、5,000美元，在阿甘投資法裡，每年投資5,000美元，20年下來，不管最好或最壞時投資，大概

可以有 30 萬美元，這個就可以做爲小孩教育基金的基礎，就算只能省稅個 2,000 美元也不無小補，補上一點差額，小孩的教育基金就啓動了，看在這樣的效益上，每年想辦法合法省稅 2,000 美元，是值得努力的目標，很多人確實有這樣的條件，只是自己不細心、不用心，又不懂得借重專家，平白的浪費掉了

最好的省稅計畫是全年度規畫的，在迫近年末時，只能做一些歲末省稅計畫（Year-end tax planning）的提醒，多數人還是有機會把握。要是沒有的，明年應該好好做一個稅務規畫。以下是眾多省稅方法中的幾個小提醒，更多的注意細節就要和會計師或財務規畫師再做深入討論了。歲末的省稅規畫如下：

●將 401k 退休計畫放滿

2022 年 401k 計畫可放到 20,500 美元，超過 50 歲的人可以放到 27,000 美元。多數的家庭，特別是中產階級的人，都已經做了，但仍有爲數不少的華人，不懂得放滿401k 的重要性，也仍有許多華人不懂得使用這個最有效的省稅工具，有幾個原因：

1. 欠缺這方面的知識，不了解 401k 放滿有多麼關鍵，

也常錯認自己隨時可能會離職，怕這個錢帶不走，這是錯誤的認知，除了公司的提撥有時間限制以外，自己放的錢都是屬於自己的。

2. **手邊沒有錢可投入**，這對許多人來講好像是心有餘而力不足的無解難題和困境，這也有思考上的誤區，其實還是有方法可略做調整的。許多人就算是 401k 還有空間可存入抵稅，但還是寧可把稅後的收入放在銀行，原因可能是帳戶裡維持有 6 個月緊急生活開支，這是必須的，對這些手頭很緊但 401k 還沒放滿的人，與其把錢放在銀行當緊急生活金，倒不如放在 401k 的貨幣市場基金（Money Market），一樣的安全，且同樣可調度，如果你的稅率是 25％，6,000 美元投入 401k 就可省下 1,500 美元稅金（6,000×25％），同時你或許還有 3～6％公司的提撥，若以公司提撥 3％計，你還可得到 180 美元的補助。

或許有人會擔心錢到了 401k，那生活預備金怎麼辦？其實在 401k 中你可動用緊急借款，向自己借錢，利息也付給自己，如果真的碰上緊急狀況，借款金額可以到 50％或 5 萬美元，按季度攤還，挪動放在銀行的錢不過是從左

口袋移到 401k 右口袋，你立即省下 25％的稅款，請問你去哪裡找這麼好的投資報酬？

所以對上班族而言，趁著最後的一個月，想辦法跟人事部了解，在自己現金能調度的最大額度之下，設法放滿，如果是自雇業者成立退休計畫，這時應掌握時機快馬加鞭，先成立帳戶，除了 401k 以外，其他的比如個人退休投資帳戶（IRA）或其他的退休計畫，隔年還有時間可放滿，但成立計畫必須在年底之前完成。

●捐款

美國家庭都有一些不需要的東西，小至書本衣物，大至一些家電器材，而事實上一些慈善團體都會提供這樣的收據，一個家庭一年捐出幾百塊的東西並不是很困難的事。

●大額的捐款

若今年度你有較高的收入，那麼大額捐款，成立慈善信託，或交由慈善基金，都有立即減稅的金額，慈善信託（CRTs）就是一個很有效的工具，把股票和房地產等已有的成長型資產，轉移到一輩子都可領取收入的慈善信託，比如一對 65 歲的夫婦當年購買 10 萬美元房地產，現在市價 50 萬美元，這當中增資了 40 萬美元，假設稅率是

15%，這對夫婦使用慈善信託對比一般傳統的方式處理，可以多出 10 萬美元的福利，相當於增加了 25% 的收益，所以就算只有 10 萬美元的資本利得，也可以用同樣的方式來處理，不但降低了資本所得稅，總收益還高於一般的處理方式，而且百年之後慈善團體可得到一筆捐助，利人利己。缺點是成立信託有費用，所以也可考慮參加慈善基金的方式，減少法律上文書的費用。這部分值得以後深入討論。

●將你的資本利得分散到稅率較低的小孩或親人身上

2021 年如果小孩或親人的稅率是在 10 ～ 15% 之間，那你可贈與一些獲利的股票到他們的帳戶，或者監護帳戶（Custodial Account），由他們賣出，基本上可省掉資本利得，但稅法上規定這個持有必須滿 12 個月，要注意的是，如果是低於 18 歲的小孩，或 24 歲以下的全職學生，有以下 Kiddie Tax 稅率的限制：

1. 第一個 1,100 美元的非勞動收入（Unearned Income）是免稅的。
2. 第二個 1,100 美元是小孩子的稅率。

3. 超過 2,200 美元，就回到了父母親的稅率。

要小心計算，對成年人來講，不要超過了原先的課稅級距（Tax Bracket），對小孩則要注意Kiddie Tax的規定。

●年底時購買共同基金（Mutual Fund）要謹慎

11 月以後是所有共同基金發放資本利得的時機點，這時你參與基金的投資，要確定他們沒有資本利得的發放，否則你可能 12 月 1 日購買，基金在 12 月 15 日發放了 5% 的資本利得，你雖持有不到 15 天，也必須把這資本利得做為當年度申報，那真是俗語說的「牛排沒吃到，還搞了一身羊騷味」，所以年底對你心儀的基金要先確認。

以上介紹的傳統退休帳戶，它有抵稅和延稅兩種功能，而且立竿見影，應該列為第一優先來充分利用，即便做不到抵稅，也可退而求其次，找延稅的省稅計畫，處處留心皆財富。但稅法一直不停地更新，所以行動前請和你的會計師或財務規畫師做個確認。

Part 5

投資規畫

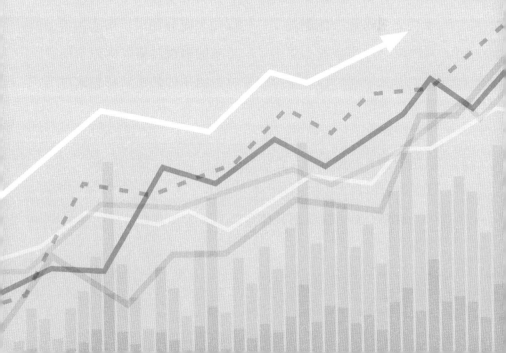

5-1

投資規畫和管理，
重中之重的一關

投資規畫重要的精神是什麼？

在投資規畫時，至少要考慮到六大要件，

若只考量其中一件，不但沒有綜效，

而且會引領到錯誤的方向，可能就是理財悲劇的開始。

多年前一個秋高氣爽，冬意尚未襲來的週末，我請同事們去看電影，他們挑了一部描述二戰前後、以日本為背景的愛情故事。我心想糟了，這個節奏會不會太慢與沉悶了，但是事先已經把選片的主導權給了他們，這時如果反悔，就顯得我這老闆誠意不夠，反正看完電影後還有一頓豐盛的晚餐，這個週末就興之所至，隨緣隨興讓他們安排，只是依舊有一點好奇，在美國這些念研究所的同學們，怎麼會選上與日本文化相關的電影？

結果一看，還真讓我印象深刻，這部《藝伎回憶錄》

（*Memoirs of a Geisha*），由三位華人著名演員擔綱，楊紫瓊飾演媽媽桑豆葉（藝伎館的老闆娘），鞏俐和章子怡飾演兩名藝伎。飾演小百合的章子怡從小為了改善家庭，被賣到藝伎館，小時候的她曾在橋上思鄉發呆，邂逅了男主角。這一幕的鏡頭畫面拍得真是惹人憐，男主角渡邊謙飾演的會長父愛般的關懷，買了小女孩喜歡的冰淇淋，還把多餘的零錢用自己的手帕包起來給她。小女孩在目送會長和兩名藝伎一同離去後，轉身跑到附近的廟宇，把手帕裡足夠她一個月用的零錢，全丟進了許願的捐獻箱，只保留了會長的手帕和虔誠的許願。

　　這從此開啟了她成為藝伎的嚮往，歷經嚴格訓練和一連串想和男主角再度相逢的過程。電影中有一段之後她和會長重逢，向他傾吐此一情愫的對白，彷彿也貼切描述了投資在五大規畫中的一個角色：

　　你難道看不出來，打從小時候在橋上與你相逢開始，我走的每一步，都是為了更靠近你！（Can't you see? Every step I have taken, since I was that child on the bridge, has been to bring myself closer to you.）

$\mathcal{Q}$ 爲了更靠近投資規畫和管理

　　五大整體財富規畫中，保險規畫，是爲了保護人生中無常的意外來襲，花錢在保險上不是爲了創造財富，而是保護財富，所以保險費可以當成是保護費，但是這錢你要花在刀口上，萬一保險買過量，超過預算，就沒有資金做「投資」這件現在看起來不急、但未來重要的事。因爲投資的成果無法立竿見影，瞬間產生，但它最後的成長是財務規畫、安身立命的基礎。

　　至於稅務規畫中，合法的節稅所省下的每一塊屬於你應有權利爭取的錢，如果你不懂得操作合法節稅的遊戲規則，那麼也會削弱或減少你可投資的資金。

　　以上這兩項規畫，一個是保護，一個是節約，所有的努力，都是爲了更靠近投資規畫和管理，因爲投資的成功與否，承載了未來退休規畫和遺產規畫這兩項支出的重要基礎。就像小女孩想成爲藝伎，得以靠近戀慕的人，靠近渴望的夢想，靠近她從小欠缺與需要被呵護的父愛。

　　財務規畫，依每個人的情況來設計，有量身訂製的意涵，五大財務規畫（保險、稅務、投資、退休、遺產）都接近科學了，但投資卻是藝術與科學的結合，所以**投資規畫是五大財務規畫中的重中之重，它的難度最高，但是因**

為許多目標的完成必須仰賴投資績效的達標，變數多、較難掌握，這也是成敗的轉折點，所以更需要關注。

但問題來了，人生三境界：見山是山、見山不是山、見山還是山，投資規畫，是先有學理和經驗？還是付出代價學到後，才有能力開始呢？這裡提供兩個方向：

1. **自己進行**：做投資規畫，最好能懂①投資理論、②投資歷史、③投資心理學、④投資產業的生態、利益衝突和適用的工具。

2. **借重專家**：這道理就跟我們看醫生一樣，不可能事事都成專家，但可惜的是，嚴重的利益衝突環境，因為多年來都沒有培養付費諮詢、獨立於銷售的財務規畫師生態。所幸，越來越多人有這種覺醒，也留意到這件事，畢竟學會選用專家，是現代人必學的技能。

🔍 投資規畫要考慮的六大要件

在投資規畫時，至少須考慮到以下六大要件：

1. **未來的目標**：是教育基金，還是退休基金？不同的

目標有不同的策略。

2. **有多久的時程：**有目標就有時程，進而可推估需要的投資報酬（但有人提到報酬是越多越好時，就知道需要重新教育了）。

3. **可承受多大的波動和損失：**在投資尋求成長的過程中，你的帳戶可承受多大的波動和損失？這答案不管是高或低，都有點像問男人喜歡女人的內在美，還是外在美？言不由衷的居多，投資報酬過高或過低這兩者都可能存在無法達標或不合理的地方，但這也是打開投資者視野最好的時候。沒有經驗或偷懶的理財專家，一不小心就錯失教育客戶的機會。**雖然承擔過重的風險容易失敗，但也有不少人，最大的風險就是無法承受「適度」的風險**，就像會以為台北到高雄，捨棄交通工具，用走路最安全。現實中當然不會犯這種錯誤，但在投資中比比皆是。

4. **有自己的投資哲學嗎？何種投資策略可完成目標又讓風險適度？**

5. **了解主動投資和被動投資的優缺點及限制嗎？**

6. **了解投資心理學，有自知之明，且能保有紀律來實現計畫嗎？**

投資規畫重要的精神是：①對未來投資，做好應對各種可能變化的防範之外，還要②與眾不同，純為自己量身打造的計畫，別羨慕他人的投資績效和做法，如同老外說的：「別人的黃金可能是你的垃圾。」

至於操盤，是投資管理中的第二步，**投資規畫還是以方向為重，先找到適合自己的投資哲學和策略，這是規畫的高度和目的！**

只考慮一項要件，是理財悲劇的根源

投資規畫至少要考慮上述的六項要件，但是很不幸的，大多數人除了第一項「花錢」的目標會制訂之外，其他的五項要件付之闕如。投資規畫少了這五項基本要件的組合，就是許多現代人理財悲劇的故事根源，所以八點檔永遠都有理財相關的題材可以發揮。這五項要件分散在我的 5 本著作裡，只是許多人過目即忘，主要的原因之一在於，想學技巧勝於深植觀念，以下我試著再回溯書上曾提過的觀念、數字和故事，做個簡單的快速回顧。

●正確合理的投資報酬觀念

什麼是正確合理的投資報酬？

有天好像是被提問的黃道吉日，我一早醒來還沒來得及查看美國的狀況，即時通傳來一位神職朋友的提問，不知他是信徒奉獻的少，還是要為教會的開支張羅，他問我：「有一個美股投資平台，採高頻交易，替會員操盤。一年合約，每月回本8％，目前每月16％，投入的資金一年漲2倍，若每月複投一年，將漲到5倍。這是剛接觸到的平台，想聽聽您的看法。」

　　我趕著出門，匆忙答覆：「恭喜發財，可惜是對方，不是你！你相信有人看了一眼《聖經》，上帝就允許他上天堂了？」

　　進入捷運，即時通又傳來了讀者的提問：「我是醫生，卻浪費了前十年沒有把賺的錢布局投資，只傻傻的放銀行定存，錯過美股近兩年的飆漲，真可惜，我最近才懂資產配置，不過還是會抱持懷疑，也覺得好慢喔！我先生就覺得投報率好少！希望他在我的影響下願意看您的書，理解的層次便會不同了。」

　　我問：「妳目前操盤的年均報酬率是多少？」

　　她回答「沒怎麼賺」，我再問她丈夫投資約幾年了呢？

　　「約四年吧，他喜歡找飆股，有獲利，有虧的，扣掉手續費、稅金，賺不多，少於大盤很多。」

　　以上兩個故事，你看出問題了嗎？

三個人，一個是完全沒有投資經驗、誤入叢林的小白兔，即將成為獵物，幸好剎車求證，可是他一旦財迷心竅，上帝也未必救得了。第二位是醫生，她十年來的辛苦所得全放定存，人在辛苦地工作，錢卻舒服地在睡大覺，她完全不了解金錢運作的規則。第三位是這位醫生的丈夫，雖有四年的投資經驗，但還沒看清問題，也沒有找到適合自己又有系統的穩定獲利方法，他可能還得繼續浪費寶貴的時光。

　　正確的理財觀念，一定要親自付出慘痛的代價，才能學到嗎？並非如此，透過閱讀及借重別人的智慧和經驗，就能防範，況且正確的理財書籍都會提醒，要避開一夜致富和高報酬的誘惑。致富是需要時間和耐心的，雖然有人例外，但幸運兒經常不是你。

　　巴菲特曾說：

　　我從來都沒有打算短期內在股票市場賺到錢，相反的，當我買進股票的時候，我都會假設股票市場明天可能就突然關閉了，直到 5 年後才又重新恢復買賣。

　　他還有個妙喻：

不論你多有天分、付出多少努力，有些事就是需要時間。你不可能讓 9 個女人同時懷孕，然後希望 1 個月後就能生出小孩。

●以數字深入合理的致富投資報酬

以上是觀念，聽是有道理，但不知道多麼有道理？如果沒有數字的輔助，可能還是沒有具體印象。

為了深入，我再說一個故事：2015 年我的第一本書有場在高雄的新書發表會，我問了在場的聽眾，對以下的投資報酬不滿意的請舉手：

從 2014 年 8 月往前推：
◎ 10 年成長 1 倍。
◎ 20 年成長 6 倍。
◎ 30 年成長 23 倍。

說完，現場只有一個人舉手，他不滿意的原因主要是因為 10 年才成長 1 倍，這個投資報酬率容易算，大概只有7.2％，他的投資報酬超過這一個，其他 20 年、30 年的績效他都很滿意。

我問他，你投資在哪裡？他說台積電。我說你有兩個

正確：①投資標的正確、②台積電股價低時的買進時間正確。上述的成績中，10 年只有成長 1 倍，那是因為碰到了 2008 年的金融海嘯，所以成績並不出色，但是多數人的成績都已經趴在地上，因此上述的投資 10 年還有 1 倍，也還差強人意。

上述的成績是真實的投資標的嗎？是的，它就是代表追蹤標普 500 指數的 ETF —— SPY。你滿意上述的成績嗎？我的問卷調查結果顯示，99% 的人都滿意，但不了解正確答案之前，也會有 90% 的人達不到這樣的成績。

原因就是，不了解合理的致富投資報酬，所以巴菲特陳述的故事，讓 9 個女人同時懷孕，也無法只在 1 個月就有新生命，這道理大家都懂，一到理財就全忘了，主要是沒有正確的致富數字概念。

要達到前面的成績，績效需要多少呢？

◎ 10 年翻 1 倍，年均報酬率是 7.2%。
◎ 20 年翻 6 倍，年均報酬率是 9.8%。
◎ 30 年翻 23 倍，年均報酬率是 10.81%。

以上三個數字，反映一個重要觀念，我寫在《阿甘投資法》這本書中。有多少人深植這個觀念，進而落實在探

索投資哲學、擬定投資策略和篩選工具呢？

　　這個觀念就是：**要達到致富，你的投資報酬率根本不需要媒體強調的 18% 這種特異功能，反而是長期穩定的合理績效**，也就是巴菲特所說的「致富的雪球」，你只需要潮濕的雪和很長的坡道。長坡可以是指時間；濕的雪，也可以指你所處的投資環境、投資市場和投資的工具。長坡和濕雪的結合，就是你的投資策略的擬定和工具篩選的考量點。

5-2

投資規畫，
適用自己的方法最好

你的帳戶可承受多大的波動和損失？

主動或被動投資，各有其美。

投資要成功，先從財務的智商和情商學習開始。

　　了解什麼是正確合理的致富投資報酬後，接下來要面
對的彷彿是《聖經》中的訓誡：不要覬覦鄰人的財富，自
己的最好。所有適合你的，包含了上一節提到的投資規畫
須考慮的第 3 要件：**在投資尋求成長的過程中，你的帳戶
可承受多大的波動和損失？**

　　我也提到有不少人的回答，就像問男人喜歡女人的內
在美，還是外在美？ 10 個男人恐怕有 8 個言不由衷。所以
帳戶可承受多大的波動和損失，也不需要跟人比，坦誠地
面對自己貪、怕與沒有耐心等天性。我想起了麻醉科醫師
朋友們的閒聊故事，他說病患準時付錢的，會在該醒時就

醒；如欠費的，會在不該醒時就醒了。這說明了劑量和何時清醒的重要比例關係。在美國，麻醉醫師收入好，因為這也是高風險的，病患的體重、病史、藥物過敏，都要列入考量。畢竟他人的麻醉劑量，別用在自身，否則是場不美麗的錯誤！

這些波動和虧損，也常是一個假象，我在《為什麼你的退休金是別人的一半？》，書中提了投資者的13個迷思，這些都是看起來似是而非的事，要不然就不叫做迷思或盲點，不過都已經寫成一本書了，這個章節我沒有打算細談這13個迷思，有興趣的人可以去翻閱，看通了，和第3個投資規畫要件有關的波動和虧損的障礙門檻就跨過了，一旦你通了，不敢說是一馬平川，最起碼你不會烏雲蔽日，不見輪廓。這13個迷思如下：

◎ 迷思1：定存比股票安全？

◎ 迷思2：公債比股票安全？

◎ 迷思3：高收益，代表好投資？

◎ 迷思4：避開波動，就是安全的投資？

◎ 迷思5：風險越小，投資越容易成功嗎？

◎ 迷思6：「停損」可增加績效，立於不敗之地？

◎ 迷思7：避免「套牢」，才有高投資報酬率？

◎ 迷思 **8**：高額報酬才能致富？

◎ 迷思 **9**：要等到最安全的時機再進場嗎？

◎ 迷思 **10**：在完美的時機進出，就能避免虧損嗎？

◎ 迷思 **11**：股市屢創新高，是崩盤前的訊號嗎

◎ 迷思 **12**：「交易者」的獲利，比「投資者」更高？

◎ 迷思 **13**：投資股票就像在賭博嗎？

探討主動或被動投資的策略

最近網路又有人升起「主動投資好，還是被動投資有利？」的論戰，這個話題很有趣，我個人是認為，這沒有標準，適合自己的最好，先說兩個故事，它們背後或許就有答案。

一個月色朦朧，氣氛極佳的夜晚，有個男生終於逮到機會，向坐在旁邊的女友輕聲細語地說，我可以吻妳嗎？女友沒有反應，男生心裡七上八下的忐忑不安，心想是聲音太小，所以沒聽到，還是她不願意？

男生鼓起勇氣，提高音量再問一次，結果女友挪動了一下身子，但還是沒有回話，男生可能覺得面子掛不住，心想不願意也可以說句話回應啊！語氣不悅地說，難道妳

是啞巴嗎？沒想到，女友更生氣地說，你不會動「嘴」，難道是死人啊？

所以說，主動或被動，除了要看氣氛之外，還得看人，也須看時機，更要看你對女友的認識，以及是否做好挨打的心理準備，如果這些勝算都很高，不主動而錯過良辰美景，就可惜啊！再說有些男生臉皮比較厚，心想最壞，也不過是挨一巴掌，換得感情的快速進展，還可享受盜壘成功的樂趣，因此主動出擊，絕對划算。

反之，和女友的認識還不熟，對自己的能耐又不清楚，猛然的躁進，這時候的主動或許會搞壞一段戀情。

談個實例吧！2014 年我接受了《路透社》的採訪，記者的標題是〈無名小子如何擊敗華爾街〉（How a little-known stock picker beat Wall Street），美國的中文第一大報《世界日報》也做了報導。那天接到了一位失聯近 25 年的老客戶 Nancy 的電話，電話另一端她興奮地說，她先生看到了報導，迫不及待地在網路上搜索我公司的聯絡電話，他們以為我已經雲遊四海去了。

這對夫婦是專業人士，1988 年由台灣移民到美國，當時看到了我在週刊上的專欄，委託我做投資規畫和管理，當時我還未取得美國證管會註冊投資顧問的認證，只能從

事規畫，不能做代操的業務。

　　我向來注重客戶的權益，雖然公司代理的基金佣金高，但市場上有許多不需佣金的基金，績效表現更好，所以我捨棄了高額的佣金，向她收取顧問費，為她做了一些投資組合的規畫，由她直接自行向基金公司購買。

　　Nancy 希望我能夠再度為他們管理投資組合，我了解了他們家的財務狀況，她先生即將在兩年後退休，可以管理的金額更多了，超過百萬美元。她還介紹有錢的姐姐成為我的客戶。

　　她姐姐在電話的一端，說 Nancy 對我的專業充滿了信心，並對我表示，這麼多年來我為 Nancy 挑選的基金，不到 25 年就成長了 30 倍。這個數字連我也嚇了一跳，心裡泛起一絲絲的成就感，也感受到美國的股市長年的活力，經常是浴火重生的不可思議。

　　但我評估後沒有接受 Nancy 夫婦的委託，為他們操盤管理，原因後文告訴你。25 年 30 倍這個數據會透露出什麼樣的訊息？

　　它就是主動投資之美！在我的第一本書裡曾提供以下的數據：截至 2014 年 8 月為止，美國股市 10 年成長快一倍，20 年成長近 6 倍，過去 30 年成長近 23 倍（這段時間橫跨了兩次全球性的股災，分別是 2000 的高科技泡沫，

和 2008 年的金融海嘯），而我爲 Nancy 夫妻所挑的投資組合，全部是主動式基金，不到 25 年產生了 30 倍的報酬，應該算美麗！但以下有幾個論點值得關注：

●你的投資組合值得納入主動式管理基金嗎？

理論上是值得，但重點是你有沒有這樣的能耐，可以慧眼識英雄，挑中那一匹千里馬。

●對少數人而言，爲什麼主動式管理值得一試？

在我的第二本書《你沒學到的巴菲特：股神默默在做的事》中曾強調，爲什麼巴菲特願意承受一般人不能承受的市場波動？因爲巴菲特非常清楚，承受波動後面美麗的果實，一旦成功是如此豐碩。

巴菲特說他寧可接受上下顛簸震動的 15% 投資報酬，也不願意獲得平平穩穩的 10% 投報，因爲他知道背後的差異。從 1965 年到 2020 年，長達 56 年當中，代表美國整個股市的標普 500 指數的年均複利是 10.2 %，交出亮麗的成績成長了 234 倍 ，但是巴菲特以年均複利 20% 的績效，比標普 500 指數多出年均 10% 的複利，相當於這 56 年成長了 28,105 倍。巴菲特的主動投資 28,105 倍對比標普 500 指數被動投資 234 倍的績效，說明這有值得的誘因，

就算再打個折扣只領先 5％，這個差距依然驚人。

●巴菲特和我都是主動式操盤的人，
為何卻只推標普 500 這種被動式的操作呢？

　　因為根據非正式的統計，80％的散戶是賠錢的，說明多數的投資者並不具備主動管理的能力。另外一個數據也顯示，只有 20％的主動式基金可以擊敗大盤，意味多數的投資者使用被動式的指數型基金成功的機率較高，而且就算進場的時機點錯誤，它還有反彈的力道，簡單的說，是在一個安全防護網的機制下進行投資。

●被動式管理成為市場主流投資後，
被忽略的一項數據

　　根據非正式的統計指出，在美國 80％的主動式管理基金無法擊敗大盤，但反過來說，還有 20％的主動式基金可以擊敗大盤，而這就是我們專業投資管理者的祕密武器！也說明共同基金發行數量越來越龐大，多到一般投資者看到的資訊太多，難以分析，這時一大堆不必要的雜訊，反而為有能力和肯下功夫的專業投資者建立了一道門檻和可供馳騁的美麗高原。波克夏公司的第二把手、巴菲特的老搭檔蒙格也提到，美國基金前 7％的投資績效還是相當驚

人的。

　　就數據的比例大小而言，80％對20％，一般投資者使用被動式的基金成功的機率較大，這是我們倡導的用意，但對有時間、願意學習，也有能力挨上兩巴掌的人，可以考慮將一部分的比例投入主動式管理基金（如果可以，以美國的優先；台灣的基金操盤手受到的干擾比較多，但如果你夠用功、夠了解，當然不在此限）。

　　差點忘了回答，為什麼我覺得原先為 Nancy 夫婦挑選的主動式管理基金，不適合全部再採用呢？

　　有以下幾個原因：

◎ 25 年前她可以承受風險的能力，在接近退休時，已經有變化了，早期是成長第一，現在要改成穩健為首，成長為輔。

◎ 早期不需要動用到這筆資金，有足夠的平常心，經歷了兩次美股 50％的上下震動，依然沒有驚慌地賣出。而一旦退休，沒事整天盯著看，鬆了怕飛了，緊了又怕捏死，這時面對股市的所有人性弱點，都會一一現形，美好的退休日子就禁不起股市波動的折騰。

◎ 多數主動式管理的基金波動幅度，高於代表整個市場的被動式指數基金管理。因為主動投資可能採用核心持有，公司的數量自然遠低於後者。

◎ 美股在 1980 至 1990 年代這 20 年間，曾出現難以想像的年均複利 18％，但美股短期間很難再有這樣的爆發力。因此在 Nancy 的風險承受能力和心理素質都在降低的退休期，我不認為可以重現上述如此優異的表現。人生有時候要說不，況且相見不如懷念，何不留下一個美好的身影！

　　那 Nancy 夫婦該怎麼做呢？下一節，我就準備舉一個例子，來結合策略和工具，達到簡單、安全、有績效的目的，同時還希望，不但分散風險，在穩健中成長，還能降低波動。

　　主動或被動投資，各有其美，了解自己的「財務管理情商」，也了解產品和市場的「財務智商」，那麼主動可以得分，拉開戰果，被動也可以安全，並大有機會得勝。**總之，投資要成功，先從財務的智商和情商學習開始。**

　　但不管怎麼樣，在花前月下，那麼美的氣氛時，再不敢冒險的男生，也不應該在這麼好的機會下不採取行動，會被罵成死人的！記得男人要主動！

🔍 勒巴夫定律

但投資就未必要主動了，這跟性別無關，而是和你的個性有關，甚至跟你投資的 IQ 和 EQ 更有關，財經暢銷書作家麥可‧勒巴夫在《賺錢，也賺幸福》中，提出了勒巴夫定律，值得多數人參考：

主動積極投資自己的人生，被動投資你的金錢。這就像是投資組合一樣，把資金分配在不同形式的投資管道，如股票、債券與現金，你得決定如何分配自己的時間。好的時間投資組合，把清醒的時間分配給四種基本活動：① 學習、② 賺錢、③ 生活、④ 回饋。

我向來都建議，就算是主動投資的高手，也可以有個 20 ～ 30% 的資金部位進行被動投資，有一天他們會發現，主動與被動皆有其美，就像做 SPA 時，你是完全被動，但也是樂趣無窮的，更重要的是做 SPA，你空出雙手時，還更能享受人生，比如放鬆與放空，Like Queen, Like King，這可是多數主動投資者沒有享受過的，多可惜啊！**想要賺錢也賺到人生，先從被動投資學起，行有餘力再跨入主動投資，會是一個比較理想且勝算高的做法。**

5-3

爲什麼你一定要學會用 ETF ＋資產配置？

先鋒基金創辦人一生的領悟

資產配置藍圖的做法，以被動式的 ETF 為工具，

穩健中帶成長，風險分散且降低波動度，

這是多數投資人必須學會的的一堂課。

　　辛曉琪有一首著名的感傷情歌《領悟》，我們一生中重大領悟的事，不會只有愛情，生死離別都是，現代人還要再多加一項：投資。

　　有時傷得夠深，痛得夠重，就會領悟得夠透徹，應該就是中國人說的大徹大悟的感受吧！有些投資散戶，表面上看起來小賺小賠的，永遠改不了投資的惡習，誤以爲這是成功的操作，而事實上，在錯誤的方向奔跑，離目標還很遠。相較之下，先鋒基金的創辦人約翰・柏格一次賠掉近新台幣300億元（這還是1975年的幣值），一次就醒了，

這個痛徹心扉的覺悟，也開啓了他人生的另一扇門，一步步邁向事業顛峰。

約翰‧柏格在他 2018 年的書《堅持不懈》（*Stay the Course*）中提到，他擔任威靈頓管理公司執行長時，最保守的旗艦基金：威靈頓基金從 1965 年最高的 20 億美元，先腰斬到 10 億美元，最慘的結局還沒有結束，它再一路下探到 4,800 萬美元，基金每股價格從 1968 年的每股 50 美元，到最低時 1975 年的 4.25 美元，跌幅超過 90%。如果你是主事者，當時會得到什麼樣的領悟和禮物？

約翰‧柏格拿到的「禮物」，是被炒魷魚，離開了威靈頓管理公司，他的「領悟」則是發現，主動型基金有它不容易成功的諸多挑戰，也未必是多數人適合持有的。這次的大徹大悟，讓他創辦了被動的指數型投資的先鋒基金（Vanguard）。

相較於他的大徹大悟，現今的許多投資者依然陷在執迷不悟中，所以我們有必要在投資規畫之前，來探討一下什麼是被動的指數型基金？它在投資管理中又占有什麼樣的地位？

🔍 ETF 有人面獅身的雙重特質

從指數型基金的英文 Exchange-Traded Fund（以下簡稱 ETF）來看，很容易理解它，簡單的說，①**它在證交所買賣，有股票交易的特性。**②**它的本質卻是共同基金，也就是大家把資金集中在一個水池來購買投資標的**。所以我說它有人面獅身的雙重特質，你可以用一點小錢，就買到了整個市場和有代表性的一個類股。

舉例來說，追蹤標普 500 指數的 ETF——SPY，它就代表了美國 500 強企業的一個指數組合，你就用不著買 500 檔股票，只要買這支 ETF。台灣的 0050 也是相同的意涵，你只要買這一檔 ETF，就代表買了整個台灣經濟最有競爭力的前 50 大公司，已經非常接近台灣所有上市公司的指數表現。

但請注意，不是所有的 ETF 都具有全市場代表性，比如它可能只偏重在電動車、5G 設備或金融類股，這一類的 ETF，都不在我的推薦範圍內，因為它的績效差異性太大。

我只推薦 SPY 和台灣 0050，因為它們有代表性，其他的 ETF 是高手審時度勢的投資工具，就不在我的討論範圍內了。

我寫了 5 本關於投資的書，多數的理論應該都已涵蓋，

但投資者面臨的困擾，常是如何把它貫穿成一個有用的系統獲利方式。在這裡，我強調的系統獲利方式不是隨機、碰運氣，而是就算不能十拿九穩，也希望是十拿七穩以上，照這個方式去做，會有一定的勝算。

我常說：「要過癮，選主動投資；要賺錢，選被動投資。」主動投資「一旦」成功是賺大錢，但要擇時，又要選股，這兩項工作加在一起就是高難度，所以主動投資就不是**「萬一」**遇到失敗，而是**「經常」**遇到失敗。

所以在方法上，我們傾向多數人適合的被動投資，在工具上，約翰‧柏格推出具市場代表性的 ETF，是一個劃時代的創舉，它解決了擇股的困擾。

選什麼樣的投資戰術？

接下來還差一項條件：選什麼樣的投資戰術或戰略呢？

這個部分，我建議使用多數人都容易上手的資產配置戰術，也是我給 Nancy 的解方。什麼是資產配置？**簡單的說，就是你的投資結合不同正負相關（有漲有跌，也就是資產的漲跌，盡量不會同走一個方向，就形成了有攻擊、有防守的作用）的五項資產，它們分別是股票、公債、現金、房地產、大宗商品。**

至於戰略上，有關各項資產比例的配方，就用最簡單，也容易記憶的，就是你的年紀＝「相當」於你的防守性投資比例（例如以下【表5-3-1】【表5-3-2】用50歲50％來當比例），等你操作到爐火純青時，再來依投資情況，作審時度勢的比例調配。

　　簡單的說，就是使用約翰‧柏格一生領悟到的ETF發明，**有市場代表性的ETF＋資產配置的系統方法**。一張圖表勝過千言萬語，我就用它來做為這一節的總結，也可以當成整個投資規畫設計的藍圖，從這裡觸類旁通，做比例上的配置及不同變化。

　　再強調一次，前文所說的投資規畫重要的精神是：①對未來投資，做好應對各種可能變化的防範、②與眾不同，純為自己量身打造的計畫，別羨慕他人的投資績效和做法，如同老外說的：「別人的黃金可能是你的垃圾。」他人的麻醉劑量，別用在自身，否則是場不美麗的錯誤！

　　至於操盤，是投資管理，這是第二步，投資規畫還是以方向為重，先找到適合自己的投資哲學和策略，這是規畫的高度和目的！

　　以下的資產配置藍圖表，我就用50歲年紀的人來當比例，使用股債各半，主要是為了方便讀者驗算，而不是適用所有人，如果是40歲的人，就要使用40％當防守性投

資比例，也就是股 60，債 40。

　　【表 5-3-1】是 50％台股、50％美債混搭各半，以及全部 100％台股 0050、100％的公債 IEF 的股市績效和波動對比。【表 5-3-2】則是將台股 0050，換成了標普 500。

　　以上是 50 歲年紀的資產配置建議，原則是防守的公債比例跟年紀相當，但不同的風險承受力，比例可以 10％左右做增減調整。

　　我們可以發現以下幾個重要數據的意義：

◎ 2000 年高科技泡沫時，台股重創下跌近 -44％，相對之下，資產配置混搭的跌幅只有 -13.63％，顯然，50％防守型公債資產配置的效益出現。

◎ 這個情況同時發生在 2002 年，台股跌近 -20％，混搭的資產配置，只有下跌 -2.34％，幅度只有近 10 分之 1，美麗吧！

◎ 2008 年金融海嘯時，台股跌 -42％，多數人應該呼天搶地，個股的跌幅可能都超過 -50％以上，但是混搭的資產配置，只有跌 -12％。你說誰比較有條件不殺在谷底，且可發動攻擊？

◎ 2011 年，台股跌了 -15％，混搭的資產配置，一點

都不受影響，以平盤作收。

◎ 2018 年，發生了罕見的股債雙殺跌了 -4.5％，但混搭的資產配置也才小跌 -1.8％，還是優於股市的表現。

◎ 大家關心的總成績也出來了：同樣是 100 萬開始的投資，股債各半的資產配置，21 年下來總成績是 427 萬，年均報酬率 6.88％，相較之下，100％台股的 360 萬，年均報酬率爲 6.05％。

◎ 美股的情況，請比照上述方式，自行比較，美股因表現較台股強勁，所以兩者總報酬率非常接近，分別是 359％對 333％，年均報酬率則是 7.23％對比 6.94％。

◎ 這個時間軸只有 20 年，加上 2000 年的高科技泡沫開始，台股和美股都經歷了失落的 10 年，這 10 年可說是防守型公債的大多頭，所以請勿產生錯覺，誤以爲防守型的投資組合無論在任何時段，總會優於積極型的表現。事實上，不同時段會有不同的績效表現，但整體而言，這樣的資產配置藍圖，做法以被動的 ETF 爲工具，穩健中帶成長，風險分散並且降低波動度，表現出有攻擊、有防守的雙優表現，這是多數投資人必須學會的一堂課。

【表 5-3-1】 （台）股債各半與 0050、IEF 績效比

年份	100% 台股（0050）		100%公債（IEF）		股債各半	
	報酬	帳戶金額	報酬	帳戶金額	報酬	帳戶金額
1999	-	1,000,000	-	1,000,000	-	1,000,000
2000	-43.91%	560,900	16.66%	1,166,553	-13.63%	863,727
2001	17.14%	657,038	5.57%	1,231,555	11.36%	961,812
2002	-19.79%	527,010	15.12%	1,417,722	-2.34%	939,336
2003	32.20%	696,708	1.02%	1,432,183	16.61%	1,095,361
2004	5.62%	735,863	4.43%	1,495,628	5.02%	1,150,402
2005	9.58%	806,359	2.27%	1,529,579	5.93%	1,218,564
2006	20.11%	968,542	2.65%	1,570,113	11.38%	1,357,254
2007	10.44%	1,069,628	10.21%	1,730,421	10.32%	1,497,370
2008	-42.61%	613,866	18.03%	2,042,416	-12.29%	1,313,348
2009	73.95%	1,067,803	-6.37%	1,912,314	33.79%	1,757,110
2010	12.79%	1,204,362	9.29%	2,089,968	11.04%	1,951,084
2011	-15.43%	1,018,575	15.46%	2,413,077	0.02%	1,951,414
2012	11.55%	1,136,225	4.06%	2,511,048	7.81%	2,103,726
2013	11.51%	1,266,979	-6.12%	2,357,372	2.69%	2,160,398
2014	16.31%	1,473,676	8.92%	2,567,650	12.62%	2,432,977
2015	-6.11%	1,383,562	1.55%	2,607,448	-2.28%	2,377,446
2016	19.47%	1,652,932	1.00%	2,633,523	10.23%	2,620,769
2017	17.47%	1,941,617	2.47%	2,698,571	9.97%	2,881,995
2018	-4.54%	1,853,372	0.82%	2,720,699	-1.86%	2,828,318
2019	32.02%	2,446,833	8.38%	2,948,693	20.20%	3,399,647
2020	29.81%	3,176,134	9.84%	3,238,845	19.82%	4,073,558
2021（10月）	13.57%	3,607,257	-3.55%	3,123,803	5.01%	4,277,682
總報酬率	260.73%		212.38%		327.77%	
年化報酬率	6.05%		5.36%		6.88%	

【表 5-3-2】（美）股債各半與標普 500、IEF 績效比較

年份	100% 美股（S&P 500）		100%公債（IEF）		股債各半	
	報酬	帳戶金額	報酬	帳戶金額	報酬	帳戶金額
1999	-	1,000,000	-	1,000,000	-	1,000,000
2000	-9.03%	909,682	16.66%	1,166,553	3.81%	1,038,117
2001	-11.85%	801,887	5.57%	1,231,555	-3.14%	1,005,533
2002	-21.97%	625,744	15.12%	1,417,722	-3.42%	971,095
2003	28.36%	803,179	1.02%	1,432,183	14.69%	1,113,729
2004	10.74%	889,462	4.43%	1,495,628	7.59%	1,198,220
2005	4.83%	932,463	2.27%	1,529,579	3.55%	1,240,784
2006	15.61%	1,078,044	2.65%	1,570,113	9.13%	1,354,083
2007	5.48%	1,137,172	10.21%	1,730,421	7.85%	1,460,343
2008	-36.55%	721,509	18.03%	2,042,416	-9.26%	1,325,098
2009	25.94%	908,634	-6.37%	1,912,314	9.78%	1,454,728
2010	14.82%	1,043,304	9.29%	2,089,968	12.06%	1,630,103
2011	2.10%	1,065,196	15.46%	2,413,077	8.78%	1,773,213
2012	15.89%	1,234,462	4.06%	2,511,048	9.98%	1,950,096
2013	32.15%	1,631,281	-6.12%	2,357,372	13.01%	2,203,853
2014	13.52%	1,851,902	8.92%	2,567,650	11.22%	2,451,174
2015	1.38%	1,877,438	1.55%	2,607,448	1.46%	2,487,070
2016	11.77%	2,098,470	1.00%	2,633,523	6.39%	2,645,908
2017	21.61%	2,551,855	2.47%	2,698,571	12.04%	2,964,416
2018	-4.23%	2,443,991	0.82%	2,720,699	-1.70%	2,913,919
2019	31.21%	3,206,802	8.38%	2,948,693	19.80%	3,490,753
2020	18.01%	3,784,473	9.84%	3,238,845	13.93%	3,976,909
2021（10 月）	21.37%	4,593,264	-3.55%	3,123,803	8.91%	4,331,239
總報酬率	359.33%		212.38%		333.12%	
年化報酬率	7.23%		5.36%		6.94%	

＊註：S&P 500 2021 年的數據參考 SPY，不含股利再投資。

投資規畫——
美股投資者可能值得關注的改變

美股目前在哪個階段了呢？

為什麼我常會建議華人投資者，美股、台股都應並行關注？

　　美國可運用的投資工具，恐怕是全球居冠，在創新能力上目前也是世界領先，但這不意味著美國的股市估值，就可以永遠高估，就像霍華·馬克斯說的，樹長得再高，也不會穿過天際，所以股價成長，進入高估與修正，再浴火重生，這是股市生命的週期。

　　美股目前在哪個階段了呢？不同的學派有不一樣的解讀，但是小心駛得萬年船，股市裡永遠有不可能，或突發意料的事情，這個世界上不只有白天鵝，還有黑天鵝！

　　股市和所有的賽局一樣，攻擊得分，防守獲勝！

　　為什麼我常會建議華人投資者，美股、台股都應並行

關注？台股是你就近可以觀察、熟悉，也方便投資的地方。美股則是投資的樂土，是全世界有競爭力與創新的地方，其跨國公司更是以自身的技術、資金與規模，在全世界為他們的股東攻城掠地，這樣的公司，你怎麼可以不擁有！

但是風水輪流轉，美國股市也會面臨暫時休養生息的時刻，換成國際股市表現亮麗，領先美股，也曾有這樣互為領先的紀錄。時間到了嗎？台股有機會扮演這樣的角色嗎？一則我不知道，二則未必，這只是提醒，但下面的數據值，你得稍微關心一下。

只關注美股的人，也要注意的投資市場

我曾經上過一個電視節目，當時台股屢次測試 1989 年台股的最高點 12682 的歷史天險，當時台股再度近關情怯，這種時事性題目，是電視節目主持人的最愛，我的回答是：「台股這一次應會跨過 12682，一旦跨過，它就不再是天花板，而是支撐的地板。」

如今寫書的當下，台股已經是 1 萬 7 千多點，看起來猜對了，但猜也總是要有一個根據吧！

我的論點基礎很簡單，寫在了第五本書《慢飆股台積電的啟示錄》，我提到十年前，台股估值低於國際市場，

當時張忠謀先生提到了「台灣折扣」（Taiwan discount）一詞，有諸多因素，包括中國大陸吸引全球資金及關注，也有我們自身還未和世界接軌的一些不利因素，間接都造成了台灣公司的股價，低於中國大陸上市公司的原因。

但隨著中美貿易戰的開打，護國神山台積電持續表現強勁的實力，此刻已經進入了全球十大市值公司，這個有昔日國之重臣的眼光魄力，也有國人的努力，台積電在世界舞台上引人注目，扮演半導體產業領頭羊效應時，我說昔日的「台灣折扣」，將會變成「台積電溢價，而當台積電占了台灣0050的40％比重」之時，強將手下無弱兵，當半導體的產業群聚效應及護國群山齊聚發揮時，台股的估值前景，要比10年前來得更加明朗和亮麗。

第二個原因是，此時第四次工業革命就在轉彎處，不管是在5G、自駕車、人工智慧、機器人或元宇宙，同時登場，台灣經過30年以上的努力，剛好站在了一個接球的位置，台股沉寂了20年，終於又有粉墨登場的機會。

第三個原因，就是上述兩者的反應，結果是台股公司的盈餘能力持續上漲，它的估值，與美股比較，相對合理且價廉，我們看一下【表5-4-1】就可一目了然。

美國截至2021年的10月，本益比已經達到其歷史新高，接近36，而台股經過這麼多年，本益比從2000年

14.84 到目前 2021 年的 16，幾乎只微微的調整，從 2000 年 7,847.21 點上漲到 2021 年 16,723.56 點，台股上漲了 125%，本益比幾乎只有微幅調升（14.84 到目前 2021 年 的 15.30），台股的估值合理性一目了然，可以說是美麗 又性感！

特別是 2019 年，指數從 10,790.17 上漲到 2021 年的 16,723.56，本益比竟然不升反降，從 19.57 到 15.30，這 幾乎印證了我上述的前三項理由，也意味著台股的盈餘獲 利能力很強。

台股的估值幾乎是美股的一半，而成長動能還高於美 股，兩相對照，台股市場當然值得投資者多加關注，但這 並不意味著台股可以避開全世界系統性股價下跌的風險， 美股下跌修正，全球通常遭殃，台股也不例外，但**台股的 好光景，我認為還未走完，加上相對合理的估值，這是 20 年等待後的再度期待，也是只關注美股的人，可以稍加注 意的投資市場。**

【表 5-4-1】台美股本益比

年份	台灣 加權指數	本益比
2000	7,847.21	14.84
2008	7,024.06	9.80
2019	10,790.17	19.57
2021（10月）	16,723.56	15.30

年份	S&P 500	本益比
2000	3,278.20	29.04
2008	1,300.58	21.46
2019	1,335.63	19.6
2021（10月）	4,460.71	35.96

資料來源：
https://www.twse.com.tw/zh/statistics/statisticsList?type=04&subType=220、
https://www.multpl.com/s-p-500-pe-ratio/table/by-year

Part 6

退休規畫

6-1
人生財務規畫的大會考

對安全定義不同的投資觀念，
決定了退休生活的舒適或窘迫。

談退休規畫，我常想起張愛玲的名句：

於千萬人之中，遇見你所遇見的人，於千萬年之中，
時間無涯的荒野裡，沒有早一步，也沒有晚一步，剛巧趕
上了，也沒有別的話可說，惟有輕輕地問一聲：「噢，你
也在這裡嗎？」

這像我在辦公室的場景，客戶關切地問：要多少退休
金才夠？投資有多高的風險？需有多高的報酬？每當有人
提出這些問題時，我腦海的回應就是：「原來，你也在問

相同的問題！」

多少退休金才夠，卻因人而異，沒房貸情況下，我認為低標 1 千萬，中標是 2 千萬，高標是 3 千萬以上，如以成長和提領都 6％ 來看，分別每月有 5 萬、10 萬和 15 萬的花費。這指的是「現值」，也是今天的購買力。若干年後退休用，要再加上物價膨脹增加的部分，6％ 的提用，會不會太多也因人而異，花完了，快樂上天堂是一種價值觀；想要傳承，又是另一種態度，若想傳承，那提領的金額最好要降到 4％ 以下。

重點來了，要如何有此資產？老方法還是開源節流，且是我所說的一魚三吃的綜效，頭部做沙鍋，中間清蒸，尾巴紅燒，從五大財務規畫的第一個**保險規畫**開始，用最少的預算，買對、買足，也買好保險。如果買錯或不足，風險可能奪去可用的資源，但保險太多，可能就無力投資，買對保險需要注意的事項，超過許多人的想像。

稅務規畫，則是透過合法的節約財富，目的也是希望將資源多用在投資，美國稅法 200 頁為一冊的話約 40 冊，就連會計師也無法通曉，所以美國專業分工非常細，台灣相對單純，但用心依然可找到些空間。

投資規畫，許多人誤以為就是找飆股，投資規畫和投資管理兩者不同。規畫是投資哲學和方向，管理是執行，

這兩者很關鍵,必須借助投資來達到所設定的成長目標。

退休規畫,是前面三個計畫的總驗收,在美國還更複雜,許多高階的省稅工具竟藏在退休規畫裡。一個國家投資環境有多健全,社會有多正義,或最能發揮資金功效的,從其稅法、退休法規的設計,就可窺見一二,中國和美國這兩方面一對比,高下立判,中國要能超越美國,不是只看GDP的成長而已。至於台灣,未能充分利用退休法規和稅法的結合,很可惜,這也是少子化、內需動能不振另一個看不到的原因。

要有足夠退休資金無虞的生活,套句郭台銘的話:「阿里山的神木之所以大,四千年前種子掉到土裡就決定了,絕對不是四千年後才知道。」同樣的,好的退休計畫和目標的完成,不是單一的規畫,而是與其他四大財務規畫結合,也就是當你關心和心動這議題的此刻!

老王與老張的退休理財故事

老王與老張的退休金故事,許多人都感興趣,我在過去的5本書中也提過了兩次,這故事背後透露出多數人退休金不足的重要潛因。

話說老王和老張是鄰居,兩人都提早退休,也有10萬

美元的退休金，且關心投資的「安全」。我問老王：「他的安全定義是什麼？」他說本金不能虧損，我幫他找了一個30年期的政府公債，運氣夠好，有8%的利率，他每年可拿8千美元的利息，且30年後政府還會把本金還給他，這符合了老王的本錢不虧損的安全要求。

利息收到時，老王興沖沖且輕鬆的以5千多美元，買了夢想多年的凱迪拉克車子，兩夫婦舒適地以這車徜徉山水之間。

鄰居老張，也有一筆相同的錢，想做退休規畫，我也問了老張對安全的要求為何？老張說：「未來的購買力不能縮水，否則給孫子買玩具的錢都沒，這就太難過了。」我幫老張買了美國大型公司，相當於現在標普500指數的基金，每年領股利，第一年3千美元，只夠買小的雪佛蘭車，這決定讓老張被太太嘮叨了一、二十年，老張很有耐心地對太太說，這投資決定不會比嫁給他所做的決定來得冒險，物價上漲會侵蝕購買力，而投資具市場代表性的指數型基金，會跟著經濟成長，是有效的保值方法之一。

30年過去了，兩家的車子也壞了，老王說利息馬上到手，再買一部已開習慣的凱迪拉克（這在當時是豪華車的規格），結果老王夫婦敗興地開了福斯回來，這可是基本款的國民車，因為8千美元只能買這小車子，老王夫婦無

法理解地說：「世界怎麼變得那麼快呀！30 年前的 10 萬美元是多麼值錢啊！現在的 10 萬，老倆口哪能過幾個殘冬呢？」

老張當年領到的股利有 2 萬 1 千多美元，說一定要買下老王口中這舒適的車來印證，只貼了 2 千元，就買下了 2 萬 3 千美元的凱迪拉克，張太太心情愉悅地翻了帳目，這 30 年領到的股利，只比老王年領到的利息少 5 千元，但本金現今價值 88 萬美元，比老王所能得到的本金 10 萬美元，差距豈只一半啊！四個世代的老王和老張的比較，詳細的數據圖表，請參閱《阿甘投資法》。

為退休做「安全」投資背後的盲點

總結老王與老張的退休理財故事，可看出許多人都有的幾個盲點：

1. 兩個人都關心投資的「安全」，老王對安全的定義是「本金不能虧損」，老張的定義則是「未來的購買力不能縮水」，這兩個人對安全定義不同的投資觀念，決定了兩個人 30 年後退休生活的舒適或窘迫。

2. 「安全」的投資，並不意味著投資的結果一定有保障，安全指的是風險的承受要適度，過少或過多，同樣不會有好的結果。

   有長時期可投資的人，應適度考慮將有代表性的指數型基金納入組合；風險承受力低的人也不必太過擔心，透過資產配置，同時擁有防守性和成長性的資產，在合理的期間內，可解決投資者關心的 3 個問題：波動、本金不易虧損，以及購買力不被侵蝕。

3. 錯把「利息的保證」當安全的投資，長期下來錢越來越薄的情況下，是無法擊敗通貨膨脹的。

4. 投資的標的沒有成長性，才是最可怕的事，而不是短期價格的波動。

老王和老張的故事看起來很簡單，但許多人還是沒有抓到這故事背後的意義，也不斷地在犯錯。

舉例來說，許多年輕的小資族購買 0056，而不是 0050，以及許多人還用保險來當退休或投資工具，這些都是觀念不明或錯誤導致工具的誤用，也是《為什麼你的退休金只有別人的一半？》書中 13 個迷思當中的幾個問題。更多說明，請參閱該書。

6-2

退休規畫的準點校正

你的資源夠不夠過一個寬裕的退休生活？

退休規畫早做比晚做好，而且好很多，
就算剛開始資源不足也沒有關係，
最起碼你知道距離目標還有多遠，
要用多快的速度達標。

　　美國的飛機班次頻繁，像台灣的公車或巴士一樣，難
怪他們叫空中巴士。上次到加拿大，起飛誤點就 5 個小時，
我心想糟糕了，這下可能要在機場過夜，沒想到一到機場
發現，這是美聯航空的重要轉運站，因為飛機幾乎是每半
個小時或 1 個小時就一班，難怪老美誤點還神閒氣定的。

　　一上飛機，機長廣播先道歉一番，接下來就告訴你，
中間他或許可以加快速度，減少大家誤點的時間，若是這
種國際航班，登機晚一、兩個小時出發，經常還是可以準

點落在台北機場，因爲有長達 20 個小時的飛行時間，中間一、兩個小時的落後是可以調整的。如果是 3 小時的飛航行程，誤點 5 小時，那你再怎麼趕，大概都不會準點了。

你眼前的退休規畫，此刻也像這樣要做準點校正：**資源夠不夠你過一個寬裕的退休生活？**

如果夠，你接下來的投資可能要降低投資報酬，穩健中求成長，風險控管變成是首要之務。

如果資金不足，就要找出問題何在，既然退休規畫不是單一規畫，而是前面三大財務規畫的大會考，因此如果此刻的答案不理想，資源不足以應付未來的退休生活，那麼就要往前溯源，去看看保險規畫是不是過分而消耗了過多的資金？稅務規畫是不是漏掉了該合法的省稅？投資規畫是不是走錯路，找了錯誤的投資哲學、策略和工具？

🔍 退休金不足，純屬人禍

顯然，退休規畫早做比晚做好，而且好很多，就算剛開始資源不足也沒有關係，最起碼你知道距離目標還有多遠。至於要用多快的速度達標，就取決於選擇什麼樣的投資策略、戰術和工具了，這時是要挑飛機、高鐵、快車或走路般的速度，你就開始有多樣選擇性了。

但也不是說快就好，有些人的心理素質跟不上，理財知識又不足，選擇飆股這樣的投資工具，不久就會躺在水溝裡了。

　　有些人真的是前面準備太差，就像我上次在加拿大的3小時班機，誤點5小時，幸好趕在凌晨進了旅館，再晚恐怕也不必趕了，睡機場還更方便一點。

　　有些人比較幸運，雖然資產放錯了位置，發現時，雖然難過一點，但還有機會調整，比如50歲出頭的人，有些人是等到了60歲才來檢查規畫，發現時就有一點感傷了，像我高中時每次搭車經過南迴公路，5、6個小時的車程到高雄，搭夜車的最大感觸就是李叔同《送別》曲中的那句「今宵別夢寒」！

　　退休金不足，絕對不是天災和人禍，禍因唯有一個，那就是純屬人禍，差別只是老美只有一個錯，就是自己幹的好事，儲蓄率太低，但這在台灣卻有兩個錯，一個是個人犯了跟老美一樣的毛病，儲蓄率太低，另外一個就是我們的大有為政府，不允許民眾自己提撥的勞退金，可以像歐美一樣自行管理，進入證券市場投資一流的企業。政府擔心民眾不會理財，把錢虧掉了，所以搶著、攔著一定要幫我們管，但又不願意負責績效。只有兩年定存的保證，連通貨膨脹都無法對付。

好聽一點的說法是，愛之，適足以害之；真實的說法是，政務官和立委們缺少了專業和擔當，這兩者缺一都無法成事，所以台灣的民眾，準備退休金比老美辛苦，老美有國家隊幫忙，我們也有，只是政府幫的是倒忙。

🔍 有如孫悟空驚人之變的「72 法則」

個人的問題，請檢查前面的保險、稅務和投資這三項的規畫是否做對，做好了？要怎麼收穫，先怎麼栽，前面栽種得不對，後面就不可能有好收穫。

曾應一家媒體邀請，開了投資的課，但我請主辦單位再三強調：不教選股，而是分享如何在投資上不做傻事！

最欣慰的是學員回饋，他們說自己的觀念翻轉了，有一位寫到：「在跌跌撞撞的 10 年理財路後⋯⋯我開始在理財路感受到無比踏實，可以有明確的夢開始編織。」另一位說：「原來有兩個小孩子的人也可以擁抱退休金！」

在異國的天空打拚了 30 年的我，目睹台灣理財的現象，每每在揮別國門，飛機升空的剎那，感觸最深。我國人民的退休金不足，原因在哪？是天災，還是人禍？這要分個人理財和國家理財來看。

就個人理財而言，不足的理財教育、錯誤的理財觀念，

以及利益衝突的理財環境，常引我一聲喟嘆。

所謂知識就是財富，來看一下有如孫悟空驚人之變的「72 法則」：

72÷ 投報率＝翻倍的年限

這個法則可推論以下結果：

◎**如定存是 1%，72 除以 1，銀行的定存約 72 年才能翻倍。**
◎**美國 10 年期 3%利率的公債，72 除 3，約 24 年翻倍。**
◎**如台灣 0050 的 7%投報率，約 10 年可翻倍。**
◎**標普 500 指數過去 90 年約 10%的投報率，就約 7 年翻倍。**

了解以上法則後，如何運用？

多數人的退休金都有長達 30 年以上的投資期，美股暫不論，以台灣的 0050 為例，如 10 年翻倍，30 年可翻 3 次，相當於 2 的 3 次方也就是 8 倍，以 100 萬的本金為例，對比銀行 1%的定存，那可能就是 800 萬對比 150 萬，或公債 3%的約 300 萬，退休金可有這麼大的差距時，何不打

開視窗，了解不同工具的特性？

一旦了解72法則，你就不會小看年均報酬率2%～3%的差距，因為中長期下來，報酬會產生天壤地別的差別，這也是有錢人和窮人腦袋之間的差距。

政務官或執政者如果有這樣的觀念，在政策的制定上就會有不同的視野和看法。下一節的【表6-3-1】就能看出，一個年均報酬率3.36%的勞退新制，22年下來可以產生約107%的累積總報酬，而年均報酬率6.66%（只增加約3%的年均報酬率）的保守型投資組合，同一個時間下來，總報酬會達313%。兩者多達200%的報酬差距，這個金額足以讓許多家庭從不足的匱乏，變成小康有餘。這個觀念和視野才能讓自己的退休金有安身立命的基礎。知識是力量更是財富，又得到印證。

台灣有許多投資者還看不清投資的本質，因為怕波動，可以滿意1%的投報放在定存，哪怕是長期才需要使用的資金，一方面又有許多人不滿意0050只有7%的溫吞成績，以至於使用主動投資，投資高難度和波動度大的個股，超出了自己的能力範圍，付出慘痛代價。

至於政府的問題，那要靠全民的覺醒，利用自己的選票，讓政府和立委，了解他們理財知識的不足，以及政府退休方案設計的錯誤。如果身為民眾的你不覺醒，可以說

是自作自受，也可以猶如佛家所說的共業——就是共同的責任，共同的前因後果。民主社會可愛，但這一點就是隨之而來的不完美，當民眾不覺醒，或選錯執政者，那麼還是要由全體民眾來承擔這個風險和責任。

　　了解，是改變的第一步，我們做以上的探討，你會發現，政策設計錯誤，政府因而偷走你幾百萬，這是輕而易舉的事。

6-3
為什麼我們的退休金
是老美的一半？

台灣的勞退基金，竟跟一流企業的榮枯少有掛勾

台灣一般民眾的退休金，可能連老美的一半都不到。

並非人民不夠勤奮，而是不食人間煙火的制度，

就算請巴菲特來操盤也無法提升績效。

　　1985 年留學美國，飛機在紐約上空準備下降時，窗邊探頭一望是蔚為壯觀的燈海，那畫面印象深刻。30 年過去了，甘迺迪機場依舊是個不夜城，美國雖已不是唯一的超強，但依然吸引全世界此起彼落的新移民，為什麼？又憑什麼？

　　這讓我聯想，當時一門組織行為學的課，教授說最後一堂是個案討論，主題二選一，可談①美國的模範企業奇異公司，或②為什麼日本能，美國不能？一看 90％老美都想談他們的強敵日本，我的感想是，老美敢於找尋問題，

知恥近乎勇，美國這國家不是不犯錯，而是總在錯誤中找尋出路！

台灣民眾的勞退金，竟然無法和一流企業共同成長

當年我相信，依華人的勤奮，絕對可以打造出一個富裕之國，如今我更深信，良好的制度，才是國家長治久安之計！

不信，來看一下比較。

台灣費了多大的勁，才有那麼少數競爭力世界級的公司，比如台積電，從上市以來股價成長豈只 100 倍，全民叫台積電是護國神山，請問有多少民眾手上擁有台積電，護國神山到底護了多少台灣民眾？

或許民眾沒有選股能力，這個可以理解，但是民眾「自提」的勞退金，也不能投資台灣 0050 這個不會破產的指數型基金。0050 有許多企業與我們的生活息息相關，例如：統一超、中華電信。台灣民眾的勞退金，不能跟台灣一流的企業共同成長，這又是什麼道理？

（※ **注意**：「勞保」和「勞退」是兩種不同訴求的目的，勞保基於社會責任的安全考量，所以全世界的勞保基金操

作都很保守。但是勞退基金的自行提撥，這是民眾自己口袋的錢，它的目的是期待退休金的成長，跟勞保是完全不同的目的和性質。）

全民的勞退基金如能有台積電 10 分之 1 的股價成長，也就是 10 倍，或減半，台灣今天會是這樣的內需消費動能嗎？**台灣全民的勞退基金，竟然跟台灣一流企業的榮枯少有掛勾，這絕對是世界奇觀！**

有天清晨在我美國住家社區慢跑，經過鄰居瑪麗漂亮的院子，百花綻放引我駐足，一閒聊才知道，她喜歡園藝，從相關器材的購買，注意到了家得寶（Home Depot），她的退休金投入這家道瓊工業指數成員的公司，獲利驚人，得以安享退休生活。

台灣的勞退金不能自選！因爲主事者說，怕全民投資股市會賠了錢，這是極不專業的說法。因爲透過資產配置，讓成長和防守型的資產同時具備，就連 2008 金融海嘯都可以控制在 5％以內的低波動度，而且從 2000 年到 2020 年這 20 年來，歷經兩次世紀性股災，還可以有 2 倍以上的成長！年均報酬 6 ～ 7％，可解決多數人退休金面臨通膨侵蝕的困境。

🔍 台灣民眾退休金還不到老美的一半，真正元凶是什麼？

　　台灣一般民眾的勞退基金的績效，可能連老美的一半都不到，不是人民不夠勤奮，而是制度出了問題！有兩個元凶：

1. **民眾勞退金不能「安全自選」投資標的**，如ETF（不是個股的投資），而且工具也無法透過安全性極高的指數型基金，及策略上搭配有成長與防守兼備的資產配置（asset allocation）的操作。

2. **勞退基金操作的投資績效，設定兩年定存指標**，這種做法偏離實務，也和全世界採行的方式不同。設立這種不食人間煙火的制度，就算請巴菲特來操盤也無法提升績效！

　　我們一般民眾的退休金，連老美的一半可能都不到，你說這是人民不夠勤奮？還是政府官員的主事者沒有專業？或欠缺擔當呢？

🔍 解決退休金問題，兵分三路

在國家理財部分，暫不論稅收的效率，到目前為止還不能開放屬於全民的「勞退自選」，「勞保」是第一層防禦網，全世界政府在這方面的操作都極保守，這可以理解，但是「勞退金」就不能如此。原因在於：**①這屬於全民的資產。②目前所制定的績效指標，無法面對物價膨脹的購買力侵蝕。③把一個 2、30 歲年輕人和一個 70 歲退休人的投資標的混為一體操作，這大概是世界罕見！**

台灣民眾的退休金是他國的一半，不是天災，純屬人禍，一是個人理財知識的不足，而雪上加霜的是，屬於全民的勞退基金，卻不能讓民眾參與，無法與自己國家或世界的經濟一同成長，國家勞退金的理財制度設計不及格。

撇開歐美不論，澳洲的超級基金、香港的強積金，都比台灣經營管理的勞退基金表現得還好，台灣內需的成長動能會如此低落，在我看來，**窮的是觀念，而不是人才或資金！**

「勞退」和「勞保」是不同的，目的不同，性質也不同，管理的方式與採用的工具當然也要不同，但是在目前台灣政府的管理下，兩者的管理方式沒有太大的區別，都是政府管，績效也全有問題，政府卻樂此不疲，主要的原因就

【表 6-3-1】三種投資組合歷年報酬

年度	年度報酬		
	台股加權 +0050 年度報酬	美債 7-10 年期 （IEF） 年度報酬	勞退新制基金 收益率
2000	-43.91%	16.66%	3%
2001	17.14%	5.57%	3%
2002	-19.79%	15.12%	3%
2003	32.20%	1.02%	3%
2004	5.62%	4.43%	3%
2005	9.58%	2.27%	1.53%
2006	20.11%	2.65%	1.62%
2007	10.44%	10.21%	0.42%
2008	-42.61%	18.03%	-6.06%
2009	73.95%	-6.37%	11.84%
2010	12.79%	9.29%	1.54%
2011	-15.43%	15.46%	-3.95%
2012	11.55%	4.06%	5.02%
2013	11.51%	-6.12%	5.68%
2014	16.31%	8.92%	6.38%
2015	-6.11%	1.55%	-0.09%
2016	19.47%	1.00%	3.23%
2017	17.47%	2.47%	7.93%
2018	-4.54%	0.82%	-2.07%
2019	32.02%	8.38%	11.45%
2020	29.81%	9.84%	6.94%
2021	21.50%	3.27%	9.66%
累積總報酬	285.90%	234.48%	107.02%
年均複利	6.33%	5.64%	3.36%

年度報酬		
25%台股 +75%美債 **保守型**年度報酬	50%台股 +50%美債 **穩健型**年度報酬	75%台股 +25%美債 **積極型**年度報酬
1.51%	-13.63%	-28.77%
8.46%	11.36%	14.25%
6.39%	-2.34%	-11.06%
8.82%	16.61%	24.41%
4.73%	5.02%	5.32%
4.10%	5.93%	7.75%
7.02%	11.38%	15.75%
10.27%	10.32%	10.38%
2.87%	-12.29%	-27.45%
13.71%	33.79%	53.87%
10.16%	11.04%	11.91%
7.74%	0.02%	-7.70%
5.93%	7.81%	9.68%
-1.71%	2.69%	7.10%
10.77%	12.62%	14.47%
-0.37%	-2.28%	-4.20%
5.62%	10.23%	14.85%
6.22%	9.97%	13.72%
-0.52%	-1.86%	-3.20%
14.29%	20.20%	26.11%
14.83%	19.82%	24.81%
7.83%	12.38%	16.94%
313.15%	357.80%	351.24%
6.66%	7.16%	7.09%

【表 6-3-2】三種投資組合 21 年下來的績效比較

年度	帳戶金額（每年再平衡）單位：新台幣			
	勞退新制 帳戶金額	**保守型** 帳戶金額	**穩健型** 帳戶金額	**積極型** 帳戶金額
	1,000,000	1,000,000	1,000,000	1,000,000
2000	1,030,000	1,015,140	863,727	712,313
2001	1,060,900	1,101,062	961,812	813,804
2002	1,092,727	1,171,418	939,336	723,769
2003	1,125,509	1,274,679	1,095,361	900,406
2004	1,159,274	1,334,939	1,150,402	948,330
2005	1,176,966	1,389,638	1,218,564	1,021,850
2006	1,196,050	1,487,132	1,357,254	1,182,763
2007	1,201,081	1,639,812	1,497,370	1,305,536
2008	1,128,345	1,686,877	1,313,348	947,172
2009	1,261,888	1,918,136	1,757,110	1,457,394
2010	1,281,336	2,113,108	1,951,084	1,631,029
2011	1,230,783	2,276,630	1,951,414	1,505,364
2012	1,292,512	2,411,694	2,103,726	1,651,051
2013	1,365,914	2,370,380	2,160,398	1,768,289
2014	1,453,078	2,625,635	2,432,977	2,024,083
2015	1,451,724	2,616,020	2,377,446	1,939,099
2016	1,498,619	2,762,970	2,620,769	2,227,093
2017	1,617,480	2,934,793	2,881,995	2,532,567
2018	1,584,021	2,919,495	2,828,318	2,451,431
2019	1,765,355	3,336,696	3,399,647	3,091,511
2020	1,887,897	3,831,577	4,073,558	3,858,652
2021	2,070,206	4,131,478	4,578,036	4,512,358
總報酬率	107.02%	313.15%	357.80%	351.24%
年化報酬率	3.36%	6.66%	7.16%	7.09%

※ 註 1：
A. 積極型帳戶為 75%台股＋ 25%美債的投資組合。
B. 穩健型帳戶為 50%台股＋ 50%美債的投資組合。
C. 保守型帳戶為 25%台股＋ 75%美債的投資組合。
※ 註 2：
A. 總報酬率計算方式為期末帳戶金額扣除本金後，除以期初帳戶金額。
B. 年化報酬率採用幾何平均報酬率。
※ 註 3：
2000 年至 2004 年勞退新制尚未啓動，理論上高科技泡沫期間，（2000 年～ 2002 年）操作績效極可能為負，但「假設」勞退績效突出，這五年的年均報酬為 3%。

【表 6-3-3】2000-2021 年績效

投資策略	總報酬	年化報酬率
勞退新制基金 收益率	107.02%	3.36%
全股：100% （0050）台股帳戶	285.90%	6.33%
全債：100% 7-10 年（IEF）美債帳戶	234.48%	5.64%
保守型帳戶 （每年再平衡）	313.15%	6.66%
保守型帳戶 （不進行再平衡）	247.33%	5.82%
穩健型帳戶 （每年再平衡）	357.80%	7.16%
穩健型帳戶 （不進行再平衡）	260.19%	6.00%
積極型帳戶 （每年再平衡）	351.24%	7.09%
積極型帳戶 （不進行再平衡）	273.04%	6.17%

是沒有專業，看不出問題所在，有專業的政務官可看清楚問題，但也沒有變革的擔當，這就是問題所在。

目前民眾要能夠解決這樣的退休金問題，大概要兵分三路：

1. 提早進行整體財務規畫，妥善利用有限的資源。
2. 早日找到投資哲學、適合自己的投資策略，也多善用指數型基金（如0050、SPY）＋資產配置的搭配，最起碼可以達到簡單、安全、有績效的成果。
3. 善用自己的選票，選出一個重視專業的執政者。

以上這三種做法會讓你的退休金更有希望，也更安全。

6-4
退休規畫──美國篇

美國獨有的省稅方案，在美的華人若沒有充分利用，

等於是把上等的牛排做成了肉乾，

退休帳戶可就乾乾扁扁了！

　　一位財務規畫師，如果同時在台灣和美國執業，他面對要解決的問題，該下手的輕重緩急都不相同，而且從哪裡下手也能判讀這位財務規畫師的經驗深淺，以下先說個故事。

　　早年治安不好，綁匪擄小孩要求贖金的事常有所聞，有此一說，搶匪綁到小孩之後，會烹煮一條魚，看小孩子從哪裡下筷，小孩子先挾魚肚的，綁匪就知道能吃這個部位的，代表是有錢人家的小孩，藉此判斷贖金的高低。我也常開玩笑地說，生在經濟不夠寬裕家庭的小孩，或許只

吃刺邊的魚肉，綁匪一看，不但贖金免了，說不定還給小孩搭計程車回家的錢。

退休規畫可以看出美國財務規畫師的功力

在美國，如果觀察一位財務規畫師能不能做好省稅規畫，我會關注在退休規畫這個部分，這裡就是魚肚的部位。

許多人會困惑：

1. 省稅規畫怎麼會在退休法規裡頭找呢？
2. 稅務規畫不就是會計師的工作嗎？怎麼會跑到財務規畫師這裡呢？

對第一個困惑，我的解答是，美國的省稅規畫散布在五個區域：保險、稅務、投資、退休、遺產都有許多省稅的法規和連結，退休規畫通常對省稅的影響立竿見影，且金額龐大，如果對省稅最肥美的部位都不會下手，對於五大財務規畫綜觀全局的視野，就會令人打個問號。

至於第二個提問：稅務規畫為什麼不是會計師做？比較貼切的說法是，有些會計師也做稅務規畫，但不是每個

會計師都願意，會計師經常提供的是「**報稅**」，而不是「**省稅**」規畫。這一點台美兩地有些許不同，主要是美國的稅法太複雜，上述所說的五大規畫領域都要能精通，這是個難度，所以還是要有專門負責退休規畫的精算師和律師。

確定提撥制與確定福利制

以下我舉一個「確定提撥制」（Defined Contribution Plan, DC Plan）和「確定福利制」（Defined Benefit Plan, DB Plan）的個案。

林醫師的診所不大，有兩位助手，剛開始執業的前幾年，收入大概在 27 萬美元。在南部較偏僻小鎮的黃醫師想要退休，林醫師為了提高收入，差點搬到南部較偏僻小鎮，成為黃醫師診所的合夥人，但考慮已經習慣美東生活，就留了下來，幾年後收入也開始攀升，接近 50 萬美元，不過婦科晚上要接生，也不是一件輕鬆的工作，進入了高所得，稅負也跟著重了起來。

經人介紹，我開始為林醫師做整體財務規畫，這過程幾乎就像是一本活的理財故事書，以後有機會再敘。經過完整的資料搜尋之後，我發現傳統常用的「確定提撥制」對他的省稅效果已經有限，我和精算師討論且試算之後，

發現他的診所適合使用「確定福利制」。這一調整，立竿見影，以他們當時的條件幾乎抵減了他40％的收入，也就是超過20萬美元的所得免稅。和原先確定提撥制當時約每年可以抵稅3萬相比，兩者差距頗大。

但許多工作室和小型企業主，爲什麼不使用這樣的一個省稅方案呢？有以下四個原因：

1. **條件不同**：每個案主的條件不盡相同，有些確實不適合。

2. **不熟悉跨領域的專業**：確定福利制的計算必須經由精算師的簽證，這是會計師陌生的領域，而多數人先接觸到的是會計師，而不是精算師，所以也無從得知有這樣的方案。

3. **利益衝突**：有些退休規畫諮詢工作室並沒有和精算師相互配合，自然不願意把這個生意拱手讓出去。

4. **其他專業團隊整合的耗時和工作量**：一個財務規畫師要做出完整規畫，有時候必須由精算師量身訂做與特殊方案的運用和設計，以及會計師理解後的報稅配合，必要時還要有專精退休法案的律師參與。

當消費者找到會計師，付費的服務是「報稅」，而不

是一個「全盤稅務規畫」時，會計師光是忙著製作會計報表、能準時報稅，已經忙得不可開交，又怎麼能協調一個跨領域的專業團隊做服務呢？

所以我在美國做財務規畫時，也常會延伸出一個問題：不用心的會計師，很難想像一個確定福利制的抵稅金額，高過傳統的確定提撥制，竟然可以達數倍。所以第一次諮詢時，我常開玩笑地告訴業主，如果和精算師討論後，確定業主適合確定福利制，那他的會計師未必會接受和同意。如果只是簡單的互動，我說時間就不會花得太多，但如果還需要我們來教育會計師這個方案的來龍去脈與相關的退休法規，那麼會計師學習這個案件的顧問費，業主就必須支付給我們。

你無需訝異，這就是蒙格說的鐵鎚人傾向，它也不是只有金融產業才有的現象，每個產業都有，這恐怕也是整體財務規畫方案的難處，因為要整合五大領域的專業，還要找到對的專家。

美國省稅的退休方案

以下簡單介紹美國省稅退休方案的大分類：

●個人退休金帳戶
（Individual Retirement Account, IRA）

1. **傳統的 IRA：** 在 2021 年可以投入 6,000 美元，如果超過 50 歲還可以再多放 1,000 美元，變成 7,000 美元。抵稅與延稅，兩種福利兼具，可以投資股票基金，但是不能進行融資，現在也可以跨入房地產，第一個 1 萬美元做為購屋款。

2. **羅斯 IRA（Roth IRA）：** 投入的金額不能抵稅，過程中延稅，年限達到後取出免稅。對年輕人、收入較高、超過一個傳統 IRA 門檻的人，它是很好的省稅退休工具，懂得前文說的延稅觀念後，這個開戶的資格相對寬鬆，不把握很可惜。

●確定提撥制
（Defined Contribution Plan, DC Plan）

這是美國很常見的退休金機制，也是目前台灣勞退新制採用的方法。它下面又可以細分成：401(k) 與 403(b)，這兩者是一般上班族可參與的公司或機構退休方案，在 2022 年可以投入 20,500 美元進入退休帳戶，不僅抵稅，還有延稅，這麼龐大的金額和比例，台灣民眾看了恐怕都要流口水，但美國民眾並沒有完全懂得充分利用這種退休

和省稅兼具的極佳方案。這種退休方案，碰到緊急狀況時，還可以借出50％或5萬美元的現金值，分5年攤還回自己的帳戶。

至於利潤分享計畫（Profit Sharing Plan）、現金購買計畫（Money Purchase Plan）、員工持股計畫（ESOP），最高投入的金額約薪水的25％，或2022年的61,000美元。

●確定福利制（Defined Benefit Plan, DB Plan）

這是我們為林醫師設計的。為什麼第三類的確定福利制，可投放的金額大於第二類的確定提撥制呢？從英文的字面看，你就容易理解。

1. 確定提撥制的英文是 **Defined Contribution Plan**，舉個例子來說明，假如放了一筆1萬美元，如果成長到100萬，那是你投資管理的本事，完全不受管制，這100萬美元累積的當中，不必繳稅，但是未來取款時，必須按照你每年提拿的金額來交稅，因為你當時的本金沒有交稅，已從你的收入扣除了。了解這一點之後，再來看「確定提撥」這四個字，也就是說**政府只管理前面放錢的金額規定和限制，不管你後面賺錢的能力。**

台灣的退休省稅方案，雇主可以提撥 6％給員工，員工也可以自行提撥 6％，總數加起來也只有 12％，約美國的一半，更重要的是，台灣限制了勞退金帳戶可以自行管理投資，這限制住了台灣勞退金帳戶可以成長的動能和機會，也剝奪了台灣民眾在全世界賺錢的能力，這和美國全民的退休金大水庫，資金透過標普 500 的大企業，或全球的好企業，如台灣的 0050，可以在全世界攻城掠地，拿下全球資本主義市場最優秀企業的成果，我們有小聰明，別人有大智慧，怎麼比！

2. **確定福利制的英文是 Defined Benefit Plan, DB Plan，是管制退休時的福利金額**，比如一位業主 55 歲，以前從來沒有成立退休計畫，等到 55 歲時才開始，距離他退休只剩下 5 到 10 年的工作時間，這時候就允許他可以放入較龐大的金額來做彌補，可以是 100％過去連續 3 年最高的薪水平均，或 2022 年的 24 萬 5 千美元，取這兩者的最小數字，這麼龐大的抵稅扣除額，你就可以想見符合資格的中小企業主，在省稅和退休福利上有多麼立竿見影的占優勢！確定福利制本身的計算有它幾個參數考量，這就不是本書的主要內容了。

總之，在美國的居民不管是做省稅或退休的規畫，一定要充分利用美國這獨有的好工具。美國人因為儲蓄率低，所以就算有這麼美好的省稅方案，也不見得能夠運用得淋漓盡致，但在美的華人通常儲蓄率都不錯，這個部分如果給漏掉了，那等於是把上等的牛排做成了肉乾，退休帳戶可就乾乾扁扁了！

Part 7

遺產規畫

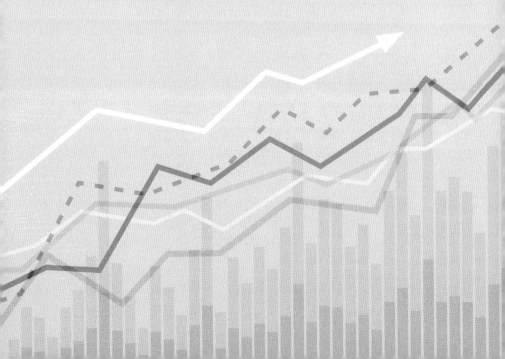

7-1
遺產規畫，
斬六將易，過五關難

許多企業家或成功人士，一生中過了無數難關，

卻在財務規畫的第五關前倒下了。

遺產規畫要做得好，

絕不是只有找律師填填表格就可以。

開頭先說個故事：

一位富豪比他預期的早去世，見到上帝時，富豪侷促
地說，來得匆忙，許多事未了，能否准個假到人間交代完
即刻回來，上帝說可以但要一塊錢，富豪說沒問題，上帝
說不，現在就要，富豪才發現自己一塊錢都拿不出來。

這故事說明了錢財生不帶來，死不帶去，另外還有個

意涵，就是遺產規畫要麼來得及，要麼來不及，上帝從沒給誰准過假，哪怕是權傾一時的凱撒大帝，或被譽為天才的賈伯斯，沒有一個例外，所以你我都要有心理準備。遺產規畫不像其他的規畫，它少有補課的機會。剛入財務業時，聽到五大財務規畫還有遺產這部分，不禁笑了出來，多年後回頭一看，才明白當時的幼稚。**在五大財務規畫中，遺產規畫是我認為第二難的項目。**

許多企業家或成功人士，在事業或專業領域上創出一番成就，卻在人生最後的一個規畫過不了關，台灣企業家王永慶先生就是一個例子，號稱經營之神，事業遍布各地，一生中過了無數難關，卻在財務規畫的第五關前倒下了，因為他竟然還沒有立下遺囑！

不只是他，中國大陸畫家名人陳逸飛也是過世得突然，最後演變成兒子與繼母對簿公堂。

🔍 遺產規畫不是找律師填填表格就好

至於遺產如何規畫，人生的千迴百轉會跟你想像的差很遠，遺產規畫要做得好，絕不是只有找了律師填填表格就可以。杜邦化學公司當年發明女人絲襪聞名世界，杜邦這個大家族曾有一分支傳到第七代就結束了，主要是它的

投資管理設計經不起 2000 年高科技泡沫的摧殘，所以它的遺產規畫的漏洞，竟然是投資規畫缺失造成的，可見五大財務管理規畫環環相扣。

遺產規畫的目的是什麼呢？在我認為最少有兩項：①**節省遺產稅**、**②照自己的意願去分配遺產。如果還能有第三項，那就是透過你對財富的分配，實踐自己的理念，發揮影響力，對社會有所助益，那人生的意義就太美好了，**諾貝爾基金會的成立就是其中之一，遺產規畫有許多工具，台美兩地主要有下列幾種：

1. 遺囑。
2. 產權形式。
3. 人壽保險。
4. 贈與。
5. 生前信託。

美國的財務金融為世界之首，產權形式比台灣多樣，至於生前信託那就更豐富了。在「7-5 遺產規畫──美國篇」中，我會約略介紹幾種。美國的生前信託（Living Trusts），種類多且是遺產規畫的重點，可惜台灣僵固的防弊思維，導致這種結合省稅、退休與公益三贏的個人慈

善信託，也是一般美國中產階級就可以使用到的規畫工具，在台灣卻不多見或僅限於高資產客戶，實在可惜！

由於這本書著重在觀念的引導，而不是工具和技巧的介紹，後者如果以後有機會寫成專書時，才會是主題。我覺得，這本書還是優先著重在改變與建立觀念，以及讓讀者有付諸實現的執行力。因為如何完成都有專家可以借重，所以不是工具、技巧的專業問題，而是有沒有這個想法、重視與渴望的程度，以及能否予以落實執行，特別是在自己思緒清楚，可以做資產分配的時候。一旦沒有付諸實行的念頭，遺產規畫就是遲到，且沒有完成的功課。

我想起了余光中的新詩：

黃昏越境—山中暑意七品之二

究竟，黃昏那偷渡客

是怎麼越境的呢？

而黑衣幫的夜色

又怎麼接應的呢？

怎麼一個分神

滿天的紫水晶，赤瑪瑙，黃玉

就統統走了私呢？

最可疑的是朝西

那一排鬍子松的背影

和起起伏伏不定

再也數不清的山脊

我守著晚霞的逃逸

幾乎沒移過眼睛

銳利像緝私的邊警

卻怎麼也找不到一點破綻

這詩中的「偷渡客」，實在太像「死神」了！我們守
著生命的歲月，自以為如黃昏般的美麗永遠不會落幕，我
們定睛不動的雙眼，銳利如邊警，卻找不到破綻，我們的
親人，甚至思念和仰慕的人，竟然都無聲無息地被死神給
偷渡接走了！

不只是大自然在日暮時分、黃昏與黑夜快速的偷渡，
轉換得讓人措手不及，在生理上，生與死的偷渡有時只是
一線之隔，也讓人手足無措。

誰知道？任何事隨時都可能發生

我很喜歡的一部電影《*Meet Joe Black*》（1998），
台灣的片名為《第六感生死緣》，我偏好直譯為「與死

神相遇」。這部電影由幾位大牌明星主演，布萊德‧彼特飾演死神喬‧布萊克（Joe Black）。安東尼‧霍普金斯飾億萬媒體大亨比爾‧帕里許（Bill Parrish）。克萊兒‧馥蘭妮演比爾‧帕里許的幼女蘇珊‧帕里許（Susan Parrish）。這裡我就以死神、比爾、蘇珊做為 3 個主要人物的代稱，簡述這齣電影的部分背景。

蘇珊在轉角的咖啡店邂逅了一位帥哥，兩人相互留下美好的印象，都有意再續前緣，但都沒有開口。他們離開咖啡館互道珍重後，還回首顧盼，但總是陰錯陽差沒能四目相交。就在蘇珊轉入另外一個街角，消失在帥哥的視線時，突來的車禍，死神帶走了帥哥，借他的身體為載體，在世間進行了祂的任務，該是帶走富豪比爾的時刻了。

比爾面對死神的登門，日前早有預感，頻頻追問，死神回答：「是的，我就是你想像的那樣。」死神告知，要將比爾從人間帶走，但因為死神的好奇心，他們達成了協議，比爾必須在人間當祂的嚮導，而大限就是死神好奇心用盡之時。

死神想體驗一下人間的生活為何物，也要親自驗證一下什麼是天若有情天亦老的情愛。

大亨比爾在餐桌上為家人介紹這位死神，名字叫喬（Joe），姓啥呢？比爾大亨順口說上了布萊克（Black），

編劇用這名字絕對有其意涵，Joe 發音就像 joke，Black 是黑色，連起來就是像「黑色的笑話」。

　　一位網路不知名的評論對此說得有趣貼切：

　　有死神來敲門，要你當祂在人間的嚮導，「而且祂玩夠了，你也沒得玩」，這彷彿是命運對自己說的一個黑色笑話。

　　是的，人生能夠主宰自己的命運可以到什麼時候，我們都不知道，所以有人說我們不能改變人生的長度，但可以改變人生的寬度。人生又像是什麼顏色的笑話或故事？每一個人依其努力、才華、領悟，繪出不同的色彩，

　　知道大限將至的比爾，有了頓悟，所有人生的優先次序，在此時都做了逆轉和改變，以往為事業奔波，現在則是每晚都要求女兒們回家吃飯共享天倫，不再為死後用不著的金錢汲汲營營，安排好公司人事的正確交棒，此時死神也戲劇性地幫上了一忙。

　　大亨比爾的一句話，是領悟：

　　誰知道？任何事隨時都可能發生。（Who knows? Lightning could strike.）

隨時都可能被雷擊中，愛神、死神、意外和改變也可以隨時降臨！這個領悟，像極了佛家所說的「人生無常才正常」。

大亨比爾 65 歲的生日派對，大女兒籌畫了近一個月，在自家庭院辦了一場如國宴般的慶祝活動，那個管弦樂伴奏的舞會，音樂響起的歌，我很喜歡，也是每年聖誕節都可以聽到的節慶曲目，用在大亨比爾他人生的晚安曲，同樣很貼切：《What a Wonderful World》。我特地把這首曲子，和最後部分的精采片段用 QR Code，在本文末呈現，這首曲子不但百聽不厭，而且最後一幕以黑夜為背景的高空絢爛煙火，蘇珊目送死神與比爾的離去，那個背影及死神與比爾的最後對話，也很值得所有人再三品味，特別是誤以為人生可以有無止盡的時光，等待自己去做結尾的人。

最後死神再度折返，與蘇珊重逢，看來印證了天若有情天亦老的深情。主宰生命的死神看來對人間也有諸多留戀不捨，是的，但很遺憾的，死神不是每一次都像電影般，如此的慷慨，給大亨比爾一個寬裕的時光，讓他可以從容處理他的人間事，了無遺憾地迎接命運。

不管你是王侯將相，或販夫走卒，遺產規畫的結局，只有兩種：來得及和來不及交待。現實生活中通常是後者的結局居多。在我給朋友的一封信中，你可以了解經營之

神也敵不過死神。原來，縱然是人世間的主宰者或強者，一旦被死神偷渡，越入了死亡這個不同的國度時，竟然是如此的微小與乏力。

What a Wonderful World (Meet Joe Black)

演唱：Thomas Newman

這是電影中的最後一幕，也是我很喜歡的一場對話，代表死神的使者布萊德‧彼特，即將帶走飾演殷商的男主角影帝安東尼‧霍普金斯。

死神的使者問：「人生是什麼滋味？」

富商回答說：「人生如人飲水，這怎麼說得清楚！」

富商問死神使者：「與死神相遇時，我應該感到恐懼嗎？」

布萊德‧彼特嘴角微微上揚地說：「Not a man like you.」（會對死亡感到恐懼的，不是你這種人。）

7-2

財富的惋惜，
還是財富的祝福？

馮諼買義——給潘律師的一封信

王永慶先生的兒女在他離世後爭產，
龐大財富沒有為他帶來財富榮耀，反而是財富的遺憾。

P律師，

　　多年不見，不知道短坡（Short Hill）的秋楓是否依然絢麗，美國的地名好像只要有個坡（Hill），就是一個登高望遠，好視野的居住之處，比如加州好萊塢附近的比華利山莊（Beverly Hill），以及你參與物色王永慶先生新澤西當年居住之處的短坡，從新澤西州台塑總部出發，往南橘大道（South Orange Avenue），一路到達坡頂，一個下坡往南橘市的交接處，就是王永慶先生當年在美國的居所，不經意地往裡匆匆一瞥，還可以看到網球場的一隅，住處的交接處是一片寬闊的樹林，除了有極佳的隱密性，聽你

說本省人喜歡稱這樣的地理位置為「金交椅」，意味著是塊風水寶地，王永慶先生應該就是在這個寓所過世的，現在已經易手，不禁讓人對歲月感嘆。

記得當年，我們曾有遺產規畫的案件合作，我做整體的規畫部分，你負責信託與遺囑的設立。有一次你路過我的辦公室，聊到遺產規畫時，你提到前幾天王永慶先生問過你，遺囑用手寫的算不算？我好奇你怎麼回答的？你說在新澤西州算，但是需要足夠的證人簽名。

王永慶先生開始在思考遺囑，代表他應該已經在構思遺產規畫，我心想說不定這是一個可以說這故事的時候，也請你轉告給王永慶先生。聽故事你當然有興趣，但是不是有把話帶到，我就不得而知了。

故事叫「馮諼買義」，話說春秋時，齊國宰相孟嘗君門下有食客三千，分上、中、下三等。馮諼也是其一，剛來時，孟嘗君問他，可有什麼才能？馮諼答沒有，於是以下客看待，馮諼的幾次抱怨，被下人聽到，轉告孟嘗君，這就是有名的「長鋏（長劍之意）歸來乎！食無魚。長鋏歸來乎！出無車。長鋏歸來乎！無以為家。」孟嘗君一一滿足他的要求，又供他母親吃住。

有一次孟嘗君派他到薛地收糧租，馮諼說需要買些什麼回來嗎？孟嘗君說，您看我還缺什麼，就帶什麼。馮諼

到薛地之後，把租約全燒了，對欠債的百姓說，孟嘗君體諒你們的處境，你們的債都已經還了，以後可以安居樂業。

馮諼回孟嘗君問：買了些什麼呢？馮諼說，我看宰相府什麼都不缺，只缺義，所以我買了個義回來，當時孟嘗君不悅。

後來孟嘗君被齊王除官，回薛地定居，當地百姓夾道歡迎和擁戴，孟嘗君感嘆地說，當年買義一事，如今得見。後來馮諼又說服魏惠王，以重金聘請孟嘗君出任宰相，齊王一急，讓孟嘗君又官復原職。

孟嘗君的事已遠，幾則新聞讓人深思：

1. 美國國際數據集團 IDG 創辦人麥高文（Patrick McGovern）先生，回饋母校麻省理工學院，捐款 3.5 億美元。
2. 香港光學儀器大王黃克競離世後，孫女興訟與家族爭產。
3. 新竹交大校友吳錦城，90％ 的財產都將歸於慈善事業，日前已捐了 300 萬美元給黃石公園。

孟嘗君缺義，你我缺些什麼呢？這答案可因人而異，是所謂的「有人辭官歸故里，有人漏夜趕科考」，目標雖

不同，但大致不脫「福、祿、壽、喜」。身為理財規畫師，為客戶創造財富是職責，但隨著華人多年的辛苦奮鬥和觀念不停的開啟，我的工作中喜見有越來越多的機會，幫助華人成為聰明且慈善的捐獻者。

施比受更有福嗎？做善事乃是積陰德，能否添陽壽，沒有定論。但在美國的稅法系統下，你可以在「祿」的財富上做到給出五毛拿回一塊。在精神層面上，你也可以透過慈善的參與，達到「福」杯滿溢或法「喜」充滿。一個「施」可以換來「福、祿、喜」，足矣！

王永慶先生詢問你寫遺囑一事，我以為他會是少數華人企業家做好遺產規畫的，但事與願違，看到媒體的報導，才知道他過世時並沒有遺囑，兒女爭產之事，就從 2008 年金融海嘯至今，雷曼兄弟破產的海嘯已過，王家的海外遺產的訴訟還未定案。根據媒體的報導，王家長子王文洋先生好像不是最大的受益者，因為雙方的律師費用已高達新台幣 10 億元。有人曾經感慨地說，王文洋先生陷入了財富的金手銬，後半生的心力和時光，為他認為不公平的遺產之爭投入官司，2021 年國內的訴訟已達成和解，不過王文洋主張的海外 6,000 億遺產仍未解決。如果王永慶先生在天上有知，看著人間的兒女爭產，不知道著不著急？

龐大的財富竟然沒有帶來相應的財富榮耀

我的醫生朋友說，王永慶先生 2008 年金融海嘯後 10 月到達美國，多年沒有回美的他，竟然沒有醫生給予提醒：美東 10 月下旬天氣已經秋意深濃，有時候火爐都已經開始嘎嘎作響。記憶中他過世的那一晚，還飄著雨，就不是秋意而是寒意了。醫生朋友說，這時候突來寒意加上身體的適應，血管容易收縮，一個意外就會產生了。是的，我也有這樣的感覺，離開美東一陣子，秋冬回去就特別有感受。

或許是王永慶先生身體向來硬朗，他的毛巾操許多人都耳熟能詳，加上有人說王永慶先生的母親是 100 多歲的高壽，而他也不過 90 出頭，這份自信讓他沒有積極地完成遺產規畫，偏偏上帝又從來沒給誰准過假，王永慶先生龐大的財富，竟然沒有給他帶來與之相對應的財富榮耀，相較於諾貝爾基金的創辦人和我接下來想聊的史丹佛家庭，反而猶如財富的遺憾和落寞。

如果明天就是下一生
當無常先到達時，你會怎麼面對？所以看起來諾貝爾基金的創辦人，看透了生死，因此做出了明智決定。

7-3

財富最佳的歸宿
——史丹佛大學的故事

財富是什麼？這是所有人最終的一問！

16歲生日前夕因傷寒逝去的小史丹佛，
讓史丹佛夫婦許下了宏願創辦史丹佛大學。
這個選擇值得所有企業家在做遺產規畫時參考。

小利蘭・史丹佛大學 (Leland Stanford Junior University)，
常直接稱為「史丹佛大學」(Stanford University) 中國人
所說的福禍相依，經常是我們人一生的寫照，但用在史丹
佛這個家庭，也非常貼切。史丹佛大學在全球百大裡名列前
茅，這學校怎麼創建的？有他的故事，這要從學校的創建者
利蘭・史丹佛 (Leland Stanford) 說起。

失去律師事業，但機會悄然而至

史丹佛當年取得律師資格後，搬到威斯康辛的華盛頓港準備好當一名成功的律師，但一把火燒掉了他的事業，失望傷心之餘和妻子回到紐約重新開始，這個當時看起來是禍，而機會也悄然而至。

哥哥說服了史丹佛跟隨加州淘金熱，後來在沙加緬度（Sacramento）落腳後，進而有機會參與了跨州鐵路的事業，這時候財神爺還為他送上了擴充事業的銀兩。

史丹佛剛好是他的主要客戶——林肯礦坑的重要關係人，礦坑經營失敗後，礦主為了償還債務決定給史丹佛76％的股票，交換他的薪水和利益，接著在新的有效管理下，林肯礦區產量豐盛，史丹佛發了一筆意外之財，史丹佛得以加入沙加緬度六商人對土木工程師西奧多·猶大（Theodore Dehone Judah）中央太平洋鐵路的投資，而且循著內華達線擴充，這個冒險使他們在西部拓荒史上，留下始料未及的財富與權勢。

鐵路穿越印地安人居住的沙漠與山區是否安全與不切實際，爭論了30年，當時建跨州鐵路費用約2億美元，相當驚人，是1862年美國聯邦預算的好幾倍，舊金山的報紙挖苦史丹佛的夢幻計畫終將破滅。這麼龐大的費用，支

持者確實不多，史丹佛面臨財務的危機。

　　但隨著美國內戰的爆發，當時負責鐵路興建的猶大，他成功說服了議員跨州鐵路有助於西部的團結，金銀礦的取得對戰爭也有利，而來自國會的資源相當壯觀，中央太平洋鐵路公司獲得政府 700 萬畝的土地，每公里鐵路以 4 萬 8 千美元的聯邦貸款，加上政府鐵路債券的收入，史丹佛與合夥人的政治堅持得到了很好的投報，同時他以加州州長的政治影響力，也說服了州議會在政府基金尚未支出時，以 1 公里鐵軌 1 萬美元的價格買下了鐵路。

　　史丹佛跟其他合夥人，最終從猶大手中買下了股份，猶大這位熱衷於興建跨州鐵路的工程師，設計了美國最成功鐵路其中的一部分，包含了 1840 年代機械奇景之一的尼加拉峽谷鐵路，以及西海岸最早的鐵路——長達 21 公里的沙加緬度河谷鐵路。

🔍 獨子離世與創辦史丹佛大學

　　史丹佛因中央太平洋鐵路公司獲利驚人，讓他在政治和金融上都有相當的收獲和成就，但福到滿溢時，禍已相隨，他唯一的兒子 16 歲因傷寒而過世，史丹佛成立基金會來紀念他的兒子。

原本史丹佛想在柏克萊加州大學成立一所技術學校來紀念兒子，但大學拒絕他擔任評議委員，所以他把目標轉到帕羅奧圖（Palo Alto）的農地上，他花了2,000萬美元蓋了史丹佛大學，這在當時是一個驚人的數字，因為當時的哈佛與哥倫比亞才各花了500和600萬美元（1884年的市值），有許多傳聞提到了史丹佛夫婦到哈佛，想要有所捐獻紀念自己的小孩，卻遭到不禮貌的對待，才改而在加州成立史丹佛大學。我無法判斷這段報導的真偽，如果真的有，那也是一段所謂逆增上緣的激勵。

　　人生事業財富到達顛峰的時刻，16歲的獨子過世了，白髮人送黑髮人的人生至痛，史丹佛就告訴他的妻子：「以後所有加州的小孩，都是我們的孩子。」這個發願，讓他禍又遠離，福再度降臨，他的家庭也從人生的谷底攀登到世界矚目的顛峰。

　　根據資料，史丹佛夫婦在1885年11月成立的大學基金中，除了校園架構，還有其他的規條，舉例如下：

◎實行一個教育系統，引導學生在畢業後能找到自己所追求的理想，並使他們聽到心中對於生命意義的呼喚。

◎校園禁止一切宗教的指導，但仍需給予精神上的教

育，必須告知學生尊重全能仁愛的造物主，所定下的規條是人類的責任。

◎教授合作及團體組織所能帶來的好處。

◎給予兩性公平與同等資源的對待。

史丹佛大學的校訓：「自由之風永遠吹拂」，自由之風絕對是科技創新的重要元素，讓它成為矽谷的重要源流之一。

史丹佛大學在 1930 年代前，所有的學費全免，大學的願景，雖然美好，但也不是發願之後，就能夠一帆風順，萬事順遂。1893 年史丹佛的逝世，以及 1906 年舊金山大地震所造成重大的損害，為學校帶來嚴重的財政困難後，學校開始收費。就在史丹佛死後，聯邦政府宣稱他欠中央太平洋鐵路公司 1,500 萬美元，史丹佛太太和受益人史丹佛大學提起訴訟，1989 年，歷經 6 年的官司後，美國高等法院判決政府敗訴，他的財產全數歸還。在這段官司期間，史丹佛大學的財政也並不輕鬆，史丹佛這個願不小，面臨的挑戰自然也巨大，官司勝訴之後，史丹佛的太太賣掉了她鐵路的債券，並捐了 1,100 萬美元給史丹佛大學。

截至 2021 年 4 月，史丹佛大學的校友、教授及研究人員中，共產生了 84 名諾貝爾獎得主、29 位高科技界的

桂冠圖靈獎得主，如今史丹佛大學已成爲高科技的搖籃，許多著名的科技巨頭，史丹佛大學與校友多有參與，也或多或少爲世界帶來貢獻。一份報告指出，截至 2011 年爲止，這些著名的公司有谷歌、雅虎、惠普、思科、奈吉、昇陽電腦、台積電、輝達等，這些企業的資金合計相當於全球第十大經濟體系。

史丹佛家庭給了財富最好的歸宿

16 歲生日前夕，因傷寒逝去的小史丹佛（Leland Stanford Junior），應是上蒼派來的天使，讓史丹佛夫婦許下了「加州的小孩都是我們小孩」的宏願，大學早期財政艱困，特別是史丹佛的逝世，政府的訴訟，以及 1893 年的經濟恐慌，校方信託管理者（Trustee）建議暫停辦學，但是史丹佛夫人堅持大學的運作。這是所謂的爲女則弱，爲母則強，史丹佛大學在她心中，豈只有兒子的身影、丈夫的背影，這幾乎是她的全部了，面對財務虧空的可能，在 1893 年到 1905 年，她親自負責大學的行政、財政及發展的事務，在後來的幾年裡她爲保持學校正常運作，**變賣了自己私人的珠寶財物**，並在 1901 年把市值 3,000 多萬的資產過讓給了大學，這幾乎是她所有的資產，最後也在

1905 年逝世前，再將 700 萬遺產中的 400 萬贈予大學，可以說當年史丹佛大學是這家庭的全部也不爲過。

史丹佛大學也成了世界矚目的大學，它的成就亮麗耀眼，這個教育殿堂，爲人類的貢獻持續努力，史丹佛家庭的財富給了最好的歸宿，這個選擇值得所有的企業家在做遺產規畫時參考。中國人所說的「立德、立功、立言三不朽」，也在史丹佛家庭的身上見證了。財富是什麼？這是所有人最終的一問！

7-4
遺產規畫只剩下錢？
人生最後超級的禮物

遺產規畫如果只剩下錢時，通常這個錢也守不住。
當錢與價值觀、愛一起傳承時，才是一個完整的規畫。

我曾經問美東的朋友，每年看雪的心情可有變化？

少年聽雨歌樓（上），紅燭昏羅帳。
壯年聽雨客舟（中），江闊雲低，斷雁叫西風。
而今聽雨僧廬（下），鬢已星星也。
悲歡離合總無情，一任階前、點滴到天明。

同樣是聽雨，宋朝詩人蔣捷描繪不同的人生階段，有
不同的生活心境和體悟，他的人生際遇彷彿由高往下，在
詩詞中都可以見到這樣的伏筆，我也有相同的感受。

財富是什麼？答案，可能因不同的年齡，而有異。財富可以是銀行的存款、股票的持有。那健康、快樂算不算是財富？再往下延伸，對家人的溫情和感念，何嘗不是一種財富。

我回顧財務規畫師執業的 30 年當中，大概可以分三個階段。

第一階段的遺產規畫，著重在如何讓客戶遺產的傳承達到極大化，比如透過保險信託的槓桿是運用之一，簡單的說，就是金錢最大化的保留給小孩。

第二階段開始在思考，人的一生最高的價值，難道最終只有金錢的傳承而已嗎？我開始誘導客戶思考，自己一生中除了留下財富給子女的金錢傳承之外，還有沒有其他的理想，或者最想圓的夢？

第三階段，我越來越覺得遺產規畫，最後的部分除了金錢的傳承、圓自己的夢之外，還應該加上有溫度的情感表達，讓這份遺產不會只有金錢。

有溫度的遺產規畫

世界十大遺產，沒有一樣談金錢的，看到的是文化和精神，這一點就不得不佩服巴菲特和美國歷史上第一個億

萬富豪洛克菲勒。他們對遺產傳承的設計，不但是世界級富豪的做法、視野，更是智者，他們遺產規畫的設計和精采故事留待下次專書時再續，此刻倒是可以分享一齣感人的電影，而它背後的故事，其實就是可以給有溫度的遺產規畫做一點參考的設計。

我已忘記當時怎麼找到《超級禮物》（*The Ultimate Gift*）這部電影的，該片改編自曾是美國舉重冠軍的盲眼作家吉姆・史都瓦（Jim Stovall）同名小說。我不是上演的第一時間就觀賞的，印象中應該是金融海嘯後，一段忙碌後的空檔，看了很有感覺，還買了這部影片的光碟帶回台灣，想跟朋友們分享。

電影中，由詹姆斯・葛納（James Garner）飾演的億萬富豪瑞得（Howard 'Red' Stevens），死訊傳到史蒂芬家族時，每個成員都期待從他豐厚的遺產中，分到有可能屬於自己的那一份。

瑞得對人性有極敏銳的觀察，預見家族成員會為遺產爭吵不休，他們多數是眼中只有錢，誤以為金錢是人生全部的冷血動物，所以為他的遺產做了很好的設計和安排。電影開頭的遺產分配會議，是在律師事務所進行的，家族成員西裝革履或穿著時尚，一個個領著數億美元的遺產，歡欣離去，而排在最後的男主角由德魯・福勒（Drew

Fuller）飾演的年輕傑森·史蒂文斯（Jason Stevens），
卻是不一樣的待遇，得到的僅是他祖父瑞得事先準備好的
錄影帶。祖父透過錄影帶訴說了他的想法。

傑森其實並不期待能夠從祖父身上獲得多大的遺產，
他對祖父充滿了仇恨，因他的父親在為祖父工作時喪生，
這個心結一直都在，所以在祖父生前，兩人一直無法和解。

的確有人一生走來，跟誰一點都沒誤會和過節，和別
人也完全沒有疙瘩，但也不多，因為不易。我還記得李敖
過世前，好像對媒體有那麼一段話，對昔日有誤會的人呼
籲說：「我們和解吧！」我不知道效果如何？但看起來，在
跟上帝報到和分配遺產之前，好像跟某些人和解是必要的。
前一陣子看到我喜歡的文人才子蘇東坡也有這個舉動時，
令我大開眼界，不斷找尋他這一段故事的來龍去脈。我一
定歷史沒讀好，怎麼都不記得有這回事，這段故事讓我看
到了歷史不同的面向和角度。

🔍 12 項禮物是完整的全人訓練

回到男主角傑森的鏡頭，他也有了一筆遺產，但是有
條件的：必須在一年內完成 12 項任務，也可以稱之為「12
項禮物」。完成之後他才會得到神祕的超級禮物。瑞德祖

父的朋友，也是律師的漢彌爾頓，接下來引領傑森領取這12項禮物的挑戰。

這12項禮物，也是指派的工作和磨練，就此陸續展開。第一項給的禮物是工作與努力的意義，第一站是德州，祖父朋友的一個農場，他清晨5點即起，要打下木樁，好好建立圍欄基礎。不過剛開始不扎實的品質，很快的就在驗收下給拆穿，所以必須從頭來過。這是一項辛苦活，特別是在德州的豔陽下做這種平常沒做過的體力活，但不服輸的傑森咬緊牙關完成了。

第二項禮物很有意思，那就是體驗失去與生活，還要交到一位朋友。瑞德走完一生，知道人生問題的關鍵所在，於是充滿智慧地對孫子傑森說：「如果不先失去一切，你永遠不知道怎麼開始生活……一無所有是很好的起點，在我一生中曾經歷過三、四次這樣的遭遇。」

瑞德也看盡人間冷暖，他對朋友的定義可不是酒肉朋友，而是「真正」的朋友。這項任務，讓傑森現有的財富瞬間消失，包含豪華的公寓、帥氣的車和所有的存款及信用卡，他母親也拒絕對他的支援，說這是合約的規定，傑森瞬間變成了無家可歸的遊民，在餐廳因為信用卡失效，付不出款項，女友也因而離開了他。

睡在公園的他遇見了可愛的小大人艾蜜莉和她的母

親。傑森和艾蜜莉展開了有趣的對話。艾蜜莉說：「我們需要錢，你達成任務能夠給我一些好處嗎？」傑森回她：「我也不知道通過測驗可以得到什麼，所以也無法給出承諾。」而艾蜜莉即使在這種不知道有沒有好處的情況下，依然願意用一生來認識眼前的傑森，做他的朋友，是有真性情的。

傑森帶著艾蜜莉到漢彌爾頓律師的辦公室做了確認，他們是真正的朋友，但是完成這項任務之後，他意外發現原來艾蜜莉患了血癌，不久將離開人世，他從此想盡力幫忙艾蜜莉在她有生之年能夠過得更好，愛蜜莉則促成了傑森和她母親的一段戀情。

她這位可愛的鬼靈精，是怎麼鼓勵傑森追自己母親的？以下來看一下他們的對話。

艾蜜莉：我的夢想是和我喜歡的人在一起，他們彼此相愛，也愛我……那你呢，傑森？你的夢想是什麼？

傑森：我不知道，打從我有記憶以來，想要的就只是找樂子。現在，我對夢想毫無頭緒。

艾蜜莉：沒關係，男人本來就一無所知。嘿，有件事你必須知道，就算你沒有自己的夢想，但幫忙實現了我的夢想，這很有意義。

傑森：是啊！

艾蜜莉：你看，她不是很漂亮嗎？除了她選的口紅顏色不怎麼樣以外……你不得不承認，跟她在一起，即使你一無所有，只要有她，你仍是個贏家……別搞砸了，記住，你要把她追到手……聖誕快樂，傑森。

　　傑森的任務還有到厄瓜多，這是他父親和祖父以前工作的地方。他們在那裡建立了圖書館，但是發現書本都不在圖書館，原來都被借出去沒還。當地居民渴望求知，但知識的來源不多，傑森發覺後到處找尋書籍，滿足當地居民的需求。居民後來以傑森之名為這個圖書館命名。這讓傑森體會到，原來施比受更有福的喜悅。傑森在這裡也發現，原來父親的過世是意外，完全不是祖父的錯。這一趟任務，讓傑森終於和祖父瑞德和解了。

　　回到美國後的傑森知道了艾蜜莉的身體狀況越來越差，因此為她補辦了一個他原先答應陪伴卻失約的聖誕節。傑森完成 12 項使命，愛蜜莉也過世了，傑森拿到了 1 億美元的獎勵，他想建立一所安寧醫院，金額不足就想找其他金主幫忙。祖父的朋友漢彌爾頓律師對傑森說，他不但完成了任務，而且表現優異，所以他的祖父還有一份超級禮物給他，是一筆 20 億美元的遺產，可以讓傑森發揮更大的

影響力，實現自己的夢想。傑森完成 12 項任務時，漢彌爾頓播放了最後一段錄影帶，瑞德對傑森說「我愛你」，傑森隔著螢幕，對遠在天邊的祖父說「我也愛你」。很美好的結局，不是嗎？

台灣的觀眾或專家可能會提出疑問：絕大多數的財產只給了傑森一個人，其他的家族成員難道不抗議嗎？因為台灣的遺產有所謂的特留份，不管你有多喜歡、多討厭，家族成員都有一定比例的遺產。美國印象中應該沒有這樣的規定，所以你會發現有很多新聞中的老美，竟然遺產是給了自己的寵物。這些法規其實都不需要太擔心，專家都可以量身設計和規畫處理，重點是你要決定給予的方式。

遺產規畫，僅僅是錢的規畫？還是也讓遺產規畫不只有金錢，還有情感、價值觀的傳承？

別忘了，所有的專家可以為你做冰冷的數字和管理，卻無法為你表達那份屬於家人的情感。當企業家到了一個人生階段，財富累積到一定程度，需要的可能是給自己淨空一個禮拜，就像比爾·蓋茲每一年有一個禮拜的讀書週，只看書，其他事都不做。

企業家最起碼也可以撥個幾天，在自己覺得視野寬闊與心情最寧靜的地點，可以是日月潭、阿里山，或在任何一個濱海旅館，面對著大海，和星空相處，和大自然為伍，

然後寫下你最想要做的遺產分配，王永慶和張榮發先生，如果給自己有這麼一個禮拜的時間，我想後面的情況會大不同，最起碼他們事後不會在天上乾著急。

有人的家訓是古訓：「黃金非寶，書爲寶；萬事皆空，善不空。」這何嘗不是一種好的傳承規畫。對了，瑞德給傑森留下的這 12 項禮物是什麼呢？它其實就是一個好的價值觀和道德觀的磨練與養成，分別如下：

◎第一個禮物：工作。

◎第二個禮物：金錢。

◎第三個禮物：友誼。

◎第四個禮物：學習。

◎第五個禮物：困境。

◎第六個禮物：親情。

◎第七個禮物：樂觀。

◎第八個禮物：築夢。

◎第九個禮物：付出。

◎第十個禮物：感恩。

◎第十一個禮物：珍惜。

◎第十二個禮物：愛。

這些其實也非常像巴菲特對孩子所說的話：不要期望能夠從他身上得到什麼繼承或遺產，當他們有朝一日有能力駕馭金錢時，會意外收到一張支票。巴菲特對遺產規畫的設計，其實也是朝這 12 項任務的方向，而這部電影表達的方式平鋪直敘，雖然沒有太多高潮迭起、令人驚豔的劇情，但這 12 項禮物其實就是完整的全人訓練。

🔍 遺產規畫只重錢的傳承，就像竹籃子打水

我想起了林則徐一段發人深省的話：

子孫若如我，留錢做什麼？賢而多財，則損其志；
子孫不如我，留錢做什麼？愚而多財，益增其過。

如果子孫有能何需傳財，如果無能傳了也沒用，過多的金錢只有損其志。富不過三代一定有它的道理。

當然，錢還是可愛的，只不過遺產規畫如果只剩下錢時，通常這個錢也守不住。當錢與價值觀、愛一起傳承時，才是一個完整的遺產規畫。所以遺產規畫別忘了留下一些溫情和溫度，就像有智慧的瑞德一樣。

遺產規畫如果只是著重在錢的傳承，會是一場不完整的規畫和錯誤，而這個錯誤就像竹籃子打水，終究會是一場空，而且是一場無法彌補的錯誤。這是財富愚弄了人，也是上帝收回財富的另外一種方式和密碼。

　　我想起鄭愁予很有禪意的一首詩，被蘇來譜成了一首民歌，由王海玲唱紅的，是我青青子衿年代時的流行歌，如今聽起來依然有味道，和你一起分享！

《偈》

作　詞：鄭愁予
作　曲：蘇來
編　曲：江建民
演唱者：王海玲

不再流浪了
我不願做空間的歌者
寧願是時間的詩人
然而我又是宇宙的遊子

地球你不需留我
這土地我一方來
將八方離去
地球你不需留我
這土地我一方來
將八方離去

7-5

遺產規畫——美國篇

在美國的遺產規畫有哪些工具？

美國的遺產規畫工具有哪些項目與特點？
搭配遺囑的生前信託又有哪些功能與優缺點？

　　生前信託（Living Trusts），有好多種，可以說是遺產規畫的一個重點。會做遺產規畫的，通常是兩種人，第一是事業極其成功的人，遺產稅逼著他們必須正視這個問題，但是近些年美國的遺產稅從原先 100 萬的免稅額度，到 2022 年的 1,206 萬美元，而夫妻有 2,412 萬美元，所以受遺產稅威脅的人大幅下降。因為遺產稅隱憂必須做遺產規畫的人，資產也有一定的程度，說是有錢人也不為過。第二種人更令人欽佩了，他們就是有一定的人生高度和視野，試著把問題看得清楚，生前能為死的時候做準備，這是胡適之所說的真豁達。

🔍 遺產規畫的四項工具

遺產規畫有四項工具，簡介如下：

●遺囑（Wills）

有人可能會問，如果設立了生前信託，還需要遺囑嗎？當然，中國人說：「尺有所短，寸有所長。」寸尺都是丈量工具，寸短小，但有時還是顯得太長，比如量螞蟻洞就不合用。尺雖長，量水庫就顯得太短。可見每種工具都有它的適用性。

遺囑有幾個特點：

1. **在任何時間一有想法都可設立，簡單快速又方便。**
2. **補足信託的遺漏和不周延：**信託固然好，但有些財產可能因其他因素遺漏在信託之外，那麼透過倒入遺囑（Pour Over Will），再把這些財產送回到信託，或多或少就有些補強作用
3. **有些州規定未成年子女監護人必須在遺囑中說明：**台灣曾有個案，先生帶著所有小孩和繼母出國旅遊發生空難，只有一國中生女兒 S 倖存，因沒有遺囑，S 的親生母親變成監護人，空難所有理賠都到了這

位母親手裡，她挪用屬於 S 的財產。媒體報導後，經法律調查才得以制止。

可見，遺囑仍有它特定的功能，那為什麼有些人反對，它有什麼缺點呢？

1. **容易被挑戰：**因為遺囑隨時可以更改。

2. **在美國的許多州，後續費用昂貴：**遺囑通常要經過遺囑檢驗法庭（Probate court），來證明它是不是真實的，且予以執行，但它的律師和行政法庭費用，可能會耗費掉遺產的 5～10%，例如 100 萬的房子，還掉 40 萬的貸款後，淨值只有 60 萬，但律師費還是要以 100 萬計，也就是 100 萬的房子可能 10 萬就不見了。

3. **耗時：**一般可能要有六個月到兩年的時間經過法庭完成程序，而在這段期間，所留下來的遺產不能買賣和處分。

4. **沒有隱私：**遺囑的處理是經過公開的程序，任何不相干的人都可調閱，比如美國永遠的牛仔英雄約翰‧韋恩（John Wayne），他的遺囑就是一目了然。再則，很可能一些商業機密被公開而有所不利。

但不是所有的財產都能夠透過遺囑來處分,有些財產一開始就指定了受益人,所以遺囑無法處理,也無需處理,例如:

1. **互繼共有的財產(Joint Tenancy)**。
2. **人壽保險**。
3. **退休金的合約**:處理退休金轉移或填寫受益人時,有一個欄位「Spouse consent」,許多人搞不清是什麼狀況,簡單的說,退休金第一受益人是配偶,但如果你想把第一受益人給非配偶,像是你的爸媽,那配偶必須簽字公證來證明他(她)是同意的。如果你的第一受益人就是配偶,這一欄就無需配偶簽名。
4. **生前信託名下的財產**。

總之,遺囑有它的優點和限制,和生前信託搭配起來使用可以互補。

●產權形式(Types of Ownership)

產權形式基本上有下列幾種:

1. 獨有財產(Separate Property)。

2. 分別共有財產（Tenancy in Common）。

3. 互繼共有財產（Joint Tenancy /with right of survivorship）。

4. 夫妻共有財產（Community Property）。

5. 夫妻聯合財產（Tenancy by the Entirety）。

6. 保管人（Custodian）戶頭。

7. 合夥（Partnership）。

8. 公司（Corp）。

9. 信託（Trust）。

這些不同的組織型態，對它的產權擁有都有不同的規定，也各有它設計的考量。許多華人走進銀行開戶，無法分清「互繼共有財產」（Joint Tenancy）和「分別共有財產」（Tenancy in Common）有什麼不同。如果是前者，以約翰和瑪麗這對夫妻為例，約翰過世，那麼互繼共有財產自動轉移到瑪麗名下，它跟分別共有財產是不一樣的。分別共有財產可能有比例的不同，假設約翰 70％，瑪麗 30％，發生事情時，約翰也只能處理他 70％的部分。

●人壽保險（Life Insurances）

人壽保險的受益人都是事先選定，懂得使用人壽保險，

會是很好的利器，這在處理遺囑規畫中經常是不可或缺的。

●贈與（Gifts）

目前 2022 年可贈與每一個人 16,000 美元，不需贈與稅，每一年的累積，以後所產生的資本利得，有機會讓高所得稅率的人移轉到低所得稅率的人身上，雖然金額小，但仍有發揮功用之處，包含在人壽保險信託裡的使用和購買。

台灣的贈與額度和美國設計就不同，台灣每人每年有贈與別人累計不超過 224 萬台幣的免稅額（稅法每年更新，實際金額請參考現行法令），和美國每年可贈與每個人 16,000 美元，約新台幣 50 萬元，但總額不限的方式各有其優點。台灣一個人的免稅贈與金額大，但是有總額限制，美國沒有總額限制，但每一個人免稅贈予金額受限在 2022 年的新台幣 50 萬。

遺產規畫絕對是一個人的智慧考驗

生前信託有好多種，可以說是遺產規畫的一個重點，**遺產這個問題，不只是一般凡人，也常有英雄豪傑和美人太有自信，以為一定可以在自己的有生之年做好規畫，或者覺得這種事很頭痛，能拖就拖，明日復明日，結果這**

一生最重要的遺產規畫終成蹉跎。準備遺產規畫的最好的時間是何時呢？就是現在。

再者，美國有9個州是採用夫妻共有制（Community Property State），其他41個州和哥倫比亞特區則使用普通法的財產制。在普通法財產制下，妻子賺的錢或財產由妻子獨有。至於夫妻共有財產的州，妻子所賺的錢夫妻各半。採用的九個州分別是亞利桑那州、加州、愛德華州、路易斯安那州、內華達州、新墨西哥州、德州、華盛頓州、威斯康辛州。

我年輕時人生經驗有限，無法體會巴菲特所說的「賺錢容易，花錢難」，多年後有此體會，明白賺錢是學問，花錢是智慧，遺產規畫絕對是一個人的智慧考驗。中國大陸有句順口溜：「沒關係就有關係，有關係就沒關係」，「關係」這兩字，西方還變成企管課的探討內容，在人生最後，如果有關係但想要照顧的人，變成了沒有關係，不在你規畫照顧之列（公益慈善想要照顧的人不在此限），這時你會不會覺得有點錯愕？

上述介紹了遺囑的一些優點和功能，但它的缺點和限制，必須仰賴信託來補足，有位著名的導演曾說，拍電影中他最喜歡的題材不是非黑即白的絕對，最有看頭的是那種人性黑白面交織與掙扎的。一般家庭挑戰遺囑或爭奪遺

產時，表現出來的絕對比戲劇更戲劇。

　　香港已故女首富龔如心在遺囑內表明，把 830 億港元的遺產撥歸華懋慈善基金。但律政司認為龔如心 2002 年立下的遺囑，華懋慈善基金只是遺產信託人而非受益人，這點和基金的看法有異。同時她的風水師陳振聰為求獨吞830 億元遺產，偽造已故華懋主席龔如心 2006 年遺囑，終因偽造和使用虛假遺囑被裁定有罪，判囚 12 年。龔如心已有遺產規畫的想法，可惜最後一里路沒有把它同時完成，資金沒有轉入信託，造成了後面諸多的困擾，這也說明遺囑有較多的挑戰，遺囑的真偽也常被質疑。

🔍 生前信託的優點和缺點

　　再來注意一下生前信託的三個關鍵人。生前信託（Living Trust 或 Inter Vivos Trust），其實也是一種契約的關係，它有三個關鍵人：①信託人（Settlor）、②受託人（Trustee）、③受益人（Beneficiary）。

　　生前信託在稅法上分兩大類：①可撤銷的（Revocable）、②不可撤銷的（Irrevocable）。

　　信託當然也不是完美無缺，它一般具有下列的特質和功能。

●生前信託的優點

生前信託的優點如下：

1. **避開了遺囑檢驗法庭的程序和相關開支，也避免了處理時在情感和財務上的困擾。**

2. **足夠的彈性：**隨時可以被改變或取消。

3. **保有一定的控制：**就算之後喪失能力或死亡，信託裡的內容和意願依然可以被執行。

4. **足夠的隱私：**信託的內容都是私人文件，不像遺囑是公開處理的。當年英國王妃戴安娜過世，有位律師朋友告訴我，他出於專業上的好奇，買了一份她的遺囑，一看內容，彷彿進了大門卻每個房間都關著，因為她可能只是某一些財產到了 A 信託，一些財產到了 B 信託，而信託都是私人文件，你也看不到，所以戴安娜王妃的隱私還是被保留了，這是充分利用了遺囑和信託的兩項功能。

5. **某些信託能降低遺產稅：**例如不可撤回的保險信託和慈善信託等。

6. **快速分配遺產，到指定的受益人。**

7. **難以被挑戰：**因為信託的簽訂通常都有受託人和律師的參與，這些協力業者同時都保有文件。

8. 可以聘請專業的資產管理或機構的委託管理者。

9. **降低家人在處理這件事情的情緒壓力**：因為一切都按表操課，該做什麼事情都事先已有了決定，受託者就按照委託者的意願執行。

10. **沒有昂貴付不起的設立費用**：一般成立信託的費用大約都在數千美元右到 1 萬美元左右，以 100 萬為例，遺囑檢驗法庭可能要付 10% 的費用，兩者相比，生前信託的價位顯得相對合理。

11. **避免了對某些繼承人無意的疏漏**：因為分配都有很清楚的列舉。

12. **避免法庭強制對未成年監護權的指定**：因為對有特殊需要的撫養者給予特殊和明確的指示和照顧。

13. **提供有效的婚前協議方面的保護**：因為資產在婚前進入生前信託，所以這些資產在婚姻有效期的成長，依然是歸屬婚前所有者（縱然是在 9 個夫妻共有財產的州裡）。需要注意的是，別在婚後將這些信託資產和其他資產合併。

●生前信託的缺點

生前信託當然也有它的缺點：

1. **必須有較多的投入：**生前信託不像遺囑通常是過世之後繼承人去傷腦筋，不過如果想照你的意願去分配，生前這些時間和精力的投入還是有必要的。

2. **受託人的選擇，需要費一些考量：**如果沒有個人的，專業的機構信託者，則是一個選項，不過依然要做篩選上的過濾。

●生前信託的分類

生前信託可以細分 30 個以上的項目，某位律師提到，這就像是美國連鎖店的三一霜淇淋一樣。信託可以分成以下幾個大類：

1. 老年照顧的信託（**Elder Care Planning Trusts**）。

2. 遺產規畫方面的信託（**Estate Planning Trusts**）。

3. 資產保護和其他信託（**Asset Protection Trusts and Other Miscellaneous Types of Trusts**），一般比較常用到的是 A-B-C 信託、婚姻扣減額信託（Marital Trust），這裡面包含了 Q-TIP 信託、合格的國內信託等，以及三種可能省稅的信託——合

格自用住宅信託、慈善信託、人壽保險信託。

🔍 更上一層樓的遺產規畫，
是人生態度與智慧的展現

　　每一個信託的設立一定有它的特殊考慮和功能，通常律師和財務規畫師會依委託人的考量來做靈活的運用，但**更上一層樓的遺產規畫，不只有一個冷冰冰的分配，它其實也是人生態度與智慧的展現。**

　　遺產規畫有這麼多的信託工具，就說明了它有一定程度的專業性和複雜性，不過這不應讓人卻步，每個人都有那一天的到來，早一點規畫，才不至於措手不及，徒留遺憾。可以先提前準備，需要時還可再修正，好好思考一下如何將財富做有智慧的分配，怎麼才能照你的意願規畫。

寫在最後

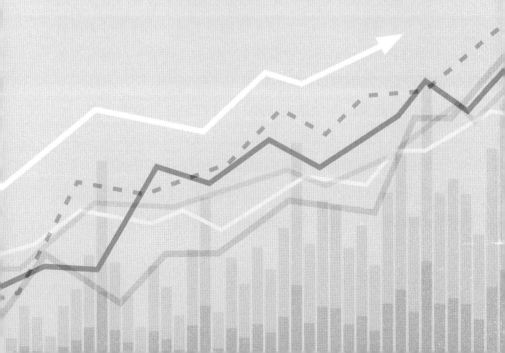

尾語 1

37 年前，
美國留學時重要的第一堂課

誠實是最好的應對之道！

該不該和美國證管會為奇景光電的餘波打官司？

我曾經陷入天人交戰。

福禍相依，生命中總是有一些驚奇的發現，樂觀以對。

就在 2021 年平安夜，書稿準備收尾落幕的前夕，收到了美國助理來的一封信，提到了美國財務規畫師委員會（CFP Board）可能會有一個內部的公聽會，討論是否要暫停我使用財務規畫師的頭銜。

公聽會的時間落在 2022 年 1 月，之後他們需要一些時間做了解，這個時間有點尷尬，使得我這財務規畫師的頭銜，妾身未明，本書的截稿在 2022 年 4 月底時，依然還沒有等到結果。若繼續用這個頭銜，萬一公聽會的結果跟預期的不一樣，書已出版也無法撤回，權衡之後，我趕

緊請出版社，在書的簡介中，拿掉我財務規畫師的頭銜。

許多人或許好奇，這究竟啥事？隱藏不更好嗎？何必公開？這要看每一個人對事情處理的態度，長期在美國金融產業工作，我已經很習慣所謂重大事件或潛在事件的揭露，透明反而是最好的保護方式。

在那個關鍵時刻，最好的方式就是誠實以對

我想起了 1985 年赴美留學時，額外跑去修了一門英文課，老師對著來自各國的同學們，說了一段她的看法和提醒：

各位同學爾後人生一定會碰到許多問題與如何處理的挑戰，在那個關鍵時刻，你可能怯懦，可能閃避，但最好的方式就是誠實以對。

美國的女網球名將，有「鐵金剛」之稱的瑪蒂娜‧納芙拉蒂洛娃（Martina Navratilova），她左手握拍，職業生涯曾獲 299 個冠軍獎盃，是全球首位年度獎金超過 100 萬美元的女運動員，她在第一時間坦承是同性戀者，大家包容了她。

而愛德華・甘迺迪（Edward Moore Kennedy）參議員，何以他的祕書和他同車墜入河中，女祕書溺斃，他卻倖存，這件事情一直無法清楚交代，所以美國人民無法支持他競選為總統。

雖然這是一門英文課，老師藉此讓大家了解風土人情、美國人的態度和她的價值。這一門課已經過去了 37 年，我依然記憶深刻，那個教室和這位老師的神情，也見證了這麼多年來，不同人在處理危機時的態度和它產生的結果，我更加相信**誠實是最好的應對之道！**

奇景光電的餘波盪漾

究竟是什麼事情，讓規畫師委員可能會有一個公聽會呢？這其實就是奇景光電的餘波盪漾（我的前一本書《慢飆股台積電的啟示錄》，略有提及）。

少有財務規畫師跨入基金管理，我算是被研究所的教授哈博士推入股海，開啟了股海的探索之路（完整故事請見《阿甘投資法》）。我管理的又上成長型基金（Upright Growth Fund），是風險分散型基金，也就是說單一股票或類股不能超過 25%比重，而美國國稅局有關風險分散型

基金的上限是 50％，而且如果超過，還有一個季度時間可調整。2017 年我把這兩條法令弄混了，因為會計師當時和我討論的都是 50％的法規，加上第一次使用新的投資策略（賣出了賣權 sell put）為基金高達 25％的現金謀求收益，但在奇景光電重挫下，我必須行使賣權的合約，這一買入就超過了 25％持有的上限，需要被歸類成「非」風險分散型基金。這個違規自然要受罰，而且這段期間的管理費，要退還給客戶，這我覺得也很合理。

歷年來的檢查報告中，會有個項目：過去基金淨值計算是否有出錯，以及如何處理？

這個我們向來據實以答，因為在準備會計師的年報和每個月的對帳中就可以發現，檢查報告中會主動告知，代表你有發現問題的糾錯能力。不過奇景光電的股權有一短暫時間變化劇烈，導致有幾筆交易是在盤後發生，卻沒有被我們及時發現，但在例行的調整檢查中做出了修正，事後買入股票後，價格也恢復正常，雖然沒有造成客戶的任何損失，不過還是列為缺點。

該不該和美國證管會為這些事打官司？我曾經陷入天人交戰，我這麼用心管理客戶的錢，2008 年金融海嘯甚至延後幾年收取客戶的管理費，而且奇景光電在我的操作下也化險為夷，還獲利，怎麼優點不提，一下子全是缺點，

變成壞蛋了？再者，這兩件事都是過去基金成立22年沒有發生過的，這種行政計算上的疏失，通常給予警告，會有第一次的豁免（First-Time Abatement, FTA）。

但我們兩位律師的意見，是持反對打官司的。律師說美國證管會指出缺點，用詞可能過於嚴厲，但沒有說你是壞蛋，這是檢查的立場，如此陳述是可以理解的，而且證管會提出的和解條件是「我不否認，也不承認」，雙方的立場也都被考慮了。況且和政府打官司，成本過高，也耽誤了公司往前進的計畫。

我們的獨立董事成員，其中有一位是虔誠的基督徒，那天會議最後他開口了。他說，我們有些天的基金淨值計算有錯誤，雖然更正，也沒有傷害到客戶的權益，但有錯誤是事實，特別是基金的持有跨過了25％比重，雖然事後取得股東的同意，做了章程的修正，但有段期間違規也是事實。他說耶穌基督沒有做錯了什麼事，卻被釘在十字架上。兩相對照，他認為應該寬心接受處罰，律師和董事會的所有成員都這樣建議，所以尊重團體的決議，我決定就和解了。

但是媒體並不了解這一個來龍去脈，所以美國證管會和解的通報一發出，財務規畫師的委員會，提出公聽會的說明也是很自然，而且他們考慮在了解事實真相之前，有

一空檔期，可能會暫停我的財務規畫師認證。

話雖如此，我覺得還是從最壞的結果來準備。

○ 寫下這一段陳述，我沒有一點掙扎和困擾

新書截稿時的 2022 年 4 月底，我還不知道結果，但寫下這一段陳述，我沒有一點掙扎和困擾，因為與其讓別人道聽塗說和亂說，不如我來說。因為就算犯錯也必須坦白以對，誠實是最好的對策，也是最輕鬆與最明確的，至於結果會怎麼發展，盡力說明，但它無改於我對客戶利益的注重和堅持，以及我專業的持續充實。

至於我在美國的私募基金，目前一共只有 7 位投資，有 2 位尚未獲利，其中有一位在美提告，之後對方撤回，也同時被法官判定案件不成立，接著對方在台灣以刑事提告，案由是投顧投信法規，檢察官於 2021 年 3 月以不起訴結案。

台灣的訴訟畢竟成本低，對方在數月之後，再用「詐欺」案由提告，對方律師說他們有意和解。我說這種事，不只是清譽，是一個人一輩子的信譽，如果有，就應該判刑；如果沒有，和解給人一種什麼樣的想像空間？如果因為股價波動，就要提起訴訟，我如果因一訴訟就和解，那

以後怎麼管理投資帳戶？

　　想起了巴菲特說的那句話：名譽的建立維持可能要一輩子，但破壞損毀可能在一瞬間。巴菲特告訴他兒子，當年索羅門（Salmon Brother）案件，就是他一生中名譽的重要一戰。我特別羨慕他有良師益友、他的夥伴查理‧蒙格事先有預感，特地空出雙手和他並肩作戰。

　　在這個行業裡，你可能會因為投資判斷錯誤而使帳戶虧損，但不能就因此構成詐欺，先鋒基金的創辦者約翰‧柏格，他的基金虧損 80％ 以上，頓悟之餘，成立了指數型基金，如今造福眾人，當年有人控告他詐欺嗎？

　　詐欺罪這事，我認為真的假不了，假的真不了，對方律師要求我提出資金進入帳戶的證明，這個太簡單了，我用美國證管會的查帳高標準：不是由我提供報表，因為馬多夫（Bernard L. Madoff）就在報表上作假，所以我請美國的證券行直接寄原稿。

　　我告訴對方律師，我其實心裡早就跟她和解了，是她不願和自己和解。股價的波動，不是構成詐欺的條件，投資再好的公司，都可能有被套牢一段時間，例如：2000 年高點進場投資台積電，一直要到 2005 年年底，要經過 6 年的等待（含現金股利與股票股利的再投資）之後，相當於台積電套牢了 6 年，之後才為投資者交出豐碩的回報，

這 6 年當中，可以判定台積電詐欺了投資者嗎？

我這位私募基金的投資者，可以跟自己和解的是：投資需要一段時間，你無法要求太陽不東升，就如同無法要求股價不波動一樣。我告訴對方律師，如果不是私募基金管理者有這樣的權限，以及我對投資者心理的充分了解，前兩年因緊急事由，行使了組織章程的規定，有條件的贖回，避免了她在低點的恐慌性贖回，現在比當年的可贖回已多了 100％的成長。若不是我對投資標的的估值下過功夫，以及對投資心理學的了解，不可能在那個困難點做這樣的決定。

下一本書如果你看到我持續用這個頭銜，或許就說明輕舟已過萬重山，但是如果沒有，可能又有其他的變化，或者我對這個專業頭銜有不同的認知，那應該又是個有趣的故事，福禍相依，生命中總是有一些驚奇的發現，樂觀以對，和你共勉！

尾語 2

一段塵封 18 年的故事，
我生命的轉折點

我的故事，你的借鏡

當有利益衝突時，就算在天堂的某一層樓，也會遇見魔鬼。

　　這故事，可能是整本書，我最難以完成的，這埋藏心裡超過 18 年的記憶，在這裡呈現了，而這也是本書的起心動念，能寫成的背後推力。

　　從哪說起呢？就從吳淡如助理的電話開始吧！

　　2015 年我出了第一本書，也是《阿甘投資法》改版前的書，有天在福華飯店接受媒體採訪時，手機響了，電話一端客氣地說，吳淡如想採訪你，但不知道除了投資以外，能不能也談生活事？

　　我說可以，但好奇想談何事？進了播音間，果然吳淡如談起了亡妻何以住院，女兒又何以胎死腹中？這是難說清楚的故事，且傷感，吳淡如也敏感地捕捉到我有點刻意

迴避，她沒有爲難我，體諒地在某處點到爲止，播音關機後，我才知道我們同是天涯淪落人，原來吳淡如也曾失去一女。我常說「感同身受」畢竟還是隔了一層，只有「同病相憐」才能夠完全沒有隔閡地了解對方的所有經歷。

　　我當時簡述了這段往事，那是在異國天空打拚，艱辛歲月下的憾事。

獲頒新人獎的日子，我卻面臨禍不單行

　　美國學費原本就貴，而台灣來的所謂國際留學生，又是老美的三倍，困難的是合法打工。在學時可有每週 20 小時的校外打工，畢業後須有雇主申辦的 H1B 工作簽證。

　　我當時在保險公司表現不錯，區經理雖也來自台灣，但不知爲何，並不願意爲我爭取這簽證，或許是擔心我跳槽，我因此面臨非法工作的難關。有家直銷型保險公司招人，願意爲我申辦簽證，我商請內人也去考保險執照，掛在他們公司名下，我來做行銷，這樣就有一方可維持合法身分。

　　當時我們並不怕工作苦，而是難有身分，可以合法地找份工作。不經歷過的人很難想像，有陣子，我對後輩談當年這段經歷時，常感嘆地說：「美國還美嗎？」

當時內人有所謂的子宮內膜異位症，之後我才知道，這對懷孕相對困難，因為子宮有肌肉瘤。內人渴望有小孩，懷孕雖困難，但終於傳來好消息，可是便祕跟著嚴重，而內人面對考試與生活的壓力，又讓便祕更加惡化。紳士般的婦科郭醫師一直很細心地觀察變化，他法拉盛的診所的三劍客，是兩位婦科的郭醫師和 W 醫師，以及外科的 S（Surgeon）醫師，三位醫師都來自台灣。而 W 醫師就是我在前文提到的，他一個突來的財務難題，連環錯後，讓他人生走入了絕境。

這兩位婦科醫師還在超音波機器前打賭，是不是雙胞胎？有些人懷孕完全沒有症狀，內人懷孕卻有很嚴重的晨吐噁心，要不親眼目睹，很難想像，她有時連膽汁都吐出來。受孕的不易，懷孕的辛苦，加上生活壓力，課業繁重，我是全職學生，又是全職的保險經紀人，還面臨畢業，工作身分失效前的轉換，原本一個人的亞歷山大，突然變成兩個人都有了。

我第一年表現不錯，其實也是很拚的，得了新人獎，公司好像比我還重視，我卻絲毫都沒有太多的喜悅，因生活中的挑戰，總是不斷的出現。就在出席頒獎的前一晚，內人突然肛門大量出血，我想先帶她看病，再利用空檔時間出席。

第二天一早撥通了電話，郭醫師去開會了，權衡之下，找了在宴會旅館旁，紐約市 32 街東邊的診所，找的醫師必須是老中，因我們的英文實不足以充分溝通病情。我們從報上找了一位台灣來的 B 醫師，他用手做了內診，說在肛門附近發現有個很大的腫瘤，建議先到他在中國城一家有合約關係的醫院，不動手術，先做止血觀察。

　　郭醫師聯絡不上，1987 年還沒有手機，他這建議有道理，但又打亂了計畫，我決定不出席頒獎午宴了，開車暫停在宴會旅館的轉角處，跑去會場打個招呼。當時沒看到總經理，我就請非常紳士的理查先生轉告，因內人有狀況我必須趕到醫院，說完後便衝到停車的位置，只見內人在車內哭泣。原來在我離開的瞬間，兩位交警過來執勤，已有 7 個月大身孕的內人，行動不方便，移車動作慢了一點，警察還是開了單子，印象中好像是 60 美元的罰單，這是 35 年前的幣值，那時也只能安慰內人，但發動引擎的那一刹那，我心想，我千辛萬苦得到別人都渴望的獎了，竟然在頒獎這樣榮耀的日子，要面臨禍不單行。人生給我的這個嘲弄，事隔多年後，讓我對那條街道依然印象深刻。

🔍 生命的轉折點

　　顧不得中飯，我先趕回新澤西的居所，帶簡單的盥洗物品，再趕回紐約 B 醫師所在的那家醫院，到了傍晚，狀況有變，原本只做止血觀察的 B 醫師突然告訴我，他決定要立刻做手術，取出那個腫瘤。我們猶豫了一下，但對醫況不了解，又在現場那種氛圍下，任何不確定的因素都被擴大解讀，我被 B 醫師說服了，內人被推進手術房時，依稀記得她握著我的手，忐忑不安的神情，我告訴她：「不要擔心，醫生知道妳近 7 個月的身孕，應該會小心知道怎麼做的。」

　　B 醫生找了一位華人婦科腫瘤的專家，到醫院來做諮詢，我們兩人就在手術房門口外等結果，手術應該是半麻醉，比預期的時間長，出來時內人驚慌地不停向我說，他們無法夾住那個腫瘤，所以不斷地從她肚子上施壓，內人向醫護人員說了好幾次，這樣做會傷到肚裏的小孩，我聽完只能不停地安慰她：「應該不會的，醫護人員都知道妳是在懷孕狀態。」

　　B 醫生告訴我，那個腫瘤，堅實且滑動，無法切除，所以他只做採樣，我們則住院等候結果。莫約兩天，內人和我緊張地在病房等檢驗的結果，B 醫師說了一句當時我

無法理解，事後恍然大悟的話，他說：「腫瘤是良性的，很可惜，如果是惡性的話，這將是美國醫學史上最巨大的惡性腫瘤個案。」

我當時心裡有一絲絲的不舒坦，一般醫師如果知道病人的檢驗是良性，通常會恭喜對方，為什麼 B 醫師反而會覺得可惜呢？

印象中幾天後我們做了一次回診，B 醫師不斷勸說我們更換郭醫師，轉到他們的醫院。我覺得沒有必要，當時只是針對肛門附近的那顆腫瘤，確定不再流血構成威脅。與 B 醫師的回診約莫三天後，我在紐約辦公室，接到內人的緊急電話，她肚子絞痛得越來越厲害，已受不了在地上打滾了，我趕緊放下手邊的事趕回住所，看著內人疼痛難受的狀況，我深感納悶，都還沒有到預產期，怎會痛得如此厲害呢？

兩小時過去，狀況沒改善，我覺得不對勁，撥通了紐約診所的電話，是 W 醫師值班，他聽我說明後，要我觀察，陣痛的頻率是不是越來愈多，間隔越來越短，如果是，就趕快送醫院，因為可能羊水破了。放下電話後的觀察，果然如此，我們決定送醫，但新的難題來了，住所距離紐約法拉盛的醫院，大約要 50 分鐘，要自己開車，還是叫救護車？如果叫救護車，很可能就送附近的醫院，又完全是一

個陌生的地方。我最後決定自己開車,但因為是下班時間,紐約的塞車又是眾所皆知的,到達醫院已天黑,多耽誤了一、兩個小時,趕緊由急診處辦了住院手續。

接著郭醫師趕來接生,約莫是深夜時分,郭醫師安慰我是早產,但小孩已胎死腹中,下次再努力,我拖著疲憊的身心開車回新澤西的住處,回程看著曼哈頓的金融重鎮,燈漸漸熄了,沒有夜的安詳,只有留學之路在異國天空下打拼的苦楚無處訴說!

第二天,內人移到普通病房,郭醫師帶著他夫人和蛋糕一齊來看她。郭醫師在床邊安慰內人說,沒有關係,下次還有機會,但內人卻回應說,為什麼我的肚子腫脹得越來越大?

郭醫師說,不會的,我昨天親自幫妳處理,妳肚子現在應該是柔軟的?內人回應說,沒有,現在脹得難受啊!

郭醫師掀開白色被單之後,我只見他臉色大變,和郭夫人交耳幾句後,就匆匆離開,接著整個醫院彷彿地震一般,沒有見過面的醫生,紛紛不停地進入了內人的病房,郭醫師忙著不停地和他們討論。

婦科的 W 醫師也出現了,郭醫師正忙,我對其他醫生也不熟,於是追問他什麼原因會變這樣?他翻開被子,看著內人那個幾乎比十月懷胎還要大的肚子,他帥氣斯文的

臉龐，彷彿知道答案但又不願明講，淡定地說應該是「腹膜炎」。至於是什麼原因造成的？他建議我問問 B 醫師前幾天做了些什麼。

到了傍晚，郭醫師團隊的外科 S 醫師，也趕來了，他看完片子後不久，郭醫師就告訴我，他們決定緊急動手術了，這個大手術後，內人拿掉了一邊的輸卵管，另一邊的卵巢。在艱困的醫況中，醫生還想試著讓內人保留有一點懷孕的機會。

一般人生產完，有一個月做休養，但內人動完這場大手術後，又面臨生死關頭的拔河，近一個月沒有進食，全靠液體營養針，剛開始好像是瘧疾似的打擺子，身體會冷到顫抖，加棉被也沒用，郭醫師幾乎把所有專科的醫師都找來諮詢了，如血液感染科等等。每每在醫院的長廊轉角處，都會望著郭醫師送走專科醫師。我看著他頭髮一夕間變白，還謙虛自責地對我說，不好意思，他的醫術欠佳，實在找不到內人體溫忽高忽低的病因。他告訴我，每一位專科醫師的建議與評估，做與不做都是一個挑戰。試了，病人辛苦；不試，少了治癒的機會。如今事隔 40 年，我依然內心充滿感激，包括那陣子許多幫忙內人度過難關的人。還記得被告知可進食後，學長的太太委託她擺跳蚤市場認識的一位畫家的太太，燉了一鍋雞湯，讓我深刻感受到「遠

親不如近鄰」的意涵。

事隔多年後，有一天在 S 醫師家的客廳，他告訴我倆，那天他被郭醫師緊急請到醫院，他告訴郭醫師，內人不但是會喪命的腹膜炎，而且情況複雜（他知道郭醫師很謹慎，不願輕易啓動有侵入性的治療），他只給郭醫師半個小時思考，若錯過了一晚，他認爲也不需要開刀了。

他說打開肚子的那一瞬間，是臭不可聞，因爲肚子裡已經是整個糞便泛濫，他不願意明說，但極高的原因，應該就是 B 醫師在拿肛門附近的肌肉瘤時，因結實又滑動，B 醫師又不想放棄，原本只是輕微的止血動作，變成了積極的手術切除，所以他高度推論，手術過程中穿破了腸子，糞便從大腸溢出到了腹腔，釀成了幾乎喪命的腹膜炎，小孩子也因而胎死腹中。

🔍 我的悲慘故事，你的借鏡

當時不具備醫學知識的我，辛苦地找尋答案，多數醫師不願意深談，因爲他們都是台灣來的，可以找到共同熟識的朋友。直到有一天，我的一位朋友，他的新婚太太就是上海來美的 L 女醫師（Lady），沒有了這一層人情上的顧慮，她幫我分析如下：

◎上帝造人，女性在懷孕之時，子宮內有羊膜囊覆蓋，是一個極其安全的狀態，不易造成腹部感染，所以一定是外力侵入了。

◎B醫師在做決策時，一定有了利益衝突。就算化驗的腫瘤是惡性的癌細胞，那也是慢性病，沒有立即動手術的必要。

◎如果真的要做切除，醫學的程序也不對，一定是很溫和的先做切片採樣（biopsy），緊急送化驗。醫院通常有這樣規模的設備，那天如果先做這動作，一化驗出來是良性的肌肉瘤，根本不需去做那場危險的侵入性手術，而且還因積極又勉強的手術，造成了腸穿孔。

為何這麼一個不是緊急，又沒必要性的侵入性手術，B醫師卻執意要做呢？

這其實就是我寫這故事的用意之一，當時在那個決策點上，我完全不了解人性在面臨利益衝突時的可怕和危險。

B醫師，從早上說只做溫和的止血動作，進行觀察，沒想到一住院之後，就改變態度，立即做出切除手術，連切片採樣都沒有做。為何做出這麼多違反醫學正當手術的程序和思考邏輯？

結合朋友太太 L 醫師的推論，那就是他在檢驗報告出爐之後的那句話：「腫瘤是良性的，很可惜，如果是惡性的話，這將是美國醫學史上最巨大的惡性腫瘤個案」。

他想要在醫學史上揚名立萬，代價卻是犧牲病人的生命安危。為什麼他會那麼急著動手術呢？因為我們並不屬於他的病人，止血之後，最後還是會回到郭醫師的團隊，如此一來，他就沒有機會去驗證那個腫瘤是良性或惡性，所以先下手急著動切除手術了！

40 年過去了，B 醫師的行為，依然充斥在我們社會的每個角落，你應該常會聽到以下的用語：10 個（房地產經紀人），不願意告訴你的祕密。你可以把（括弧內）的職業，換成其他任何職業幾乎都適用。

威廉‧伯恩斯坦在他的著作《投資金律》提到，投資者必須知道金融服務業的生態。他本人是內科醫師，在付出慘痛代價後，發現金融服務業嚴重利益衝突的惡性。他認為醫生的生態中雖有利益衝突，但不會那麼嚴重。不過我認為這在任何行業都值得關注。

每一次寫完財經的書籍，我都告訴讀者，看完書後，最重要的一件事，不是立刻開戶進行投資，而是去找一本了解你身體各器官結構運作的使用手冊。我們當年欠缺了基本的醫學知識，結果在天堂的某一層樓遇見了魔鬼。

內人在美國進行了大約 6 次的大小手術，都和那次腹膜炎緊急手術的後遺症有關，無數次的掃描、檢驗，喝下的輔助顯影的化學物和術後的藥品真的是不計其數。每次手術後大量的抗生素又捕殺腸道的益生菌，我以前不知道腸道也是人體重要的免疫系統。對醫學的無知，沒有讓家庭醫生當我們第一道安全的守護者，結果，專科醫師鐵鏈人的傾向，再加上 B 醫師的嚴重利益衝突所做出的不當決策，也讓我們付出了慘痛的代價，內人在 2004 年 6 月因膽管癌過世。

　　這段故事說完，你現在是不是能夠體會巴菲特所說的那句話：

　　評價一個人時，應重點考察四項特徵：「善良」「正直」「聰明」「能幹」。如果不具備前兩項，那後面兩項會害了你。

　　為什麼我明知財務規畫師需要專業，經驗也很重要，卻會建議寧可選擇一個對的人？因為這比能幹的人重要。

　　為什麼這麼多的篇幅談利益衝突，因為和你有利益衝突的人，不但不能為你盡心盡力，你還會是他砧板上的肥肉，幫他數鈔票也不自知。當年留學美國，初來乍到英文

都說不清，只能仰賴華人社區，還刻意選了來自台灣的移民醫生，總以為都是離鄉背井的同胞。可是最後讓我得到比較完整真相的，反而是來自上海的 L 醫生。

我想起了一位房地產經紀人，當年推銷我位在美國墳墓旁的一棟小屋，他也知道中國人不太喜歡這樣的地理位置，但他說了一句話，你不得不承認有道理。他說：「你想想看，這一輩子能夠騙你的是活人，還是死人？」是的，他講完這句話以後，我從此再也不怕死人了！

希望這個故事能夠在未來的健康、養生、投資理財或其他事業方面，保護到你，讓你懂得借重專家，找對的專家，找尋激勵政策和你的利益一致的。不要擔心檯面上的收費，你更要關注的是底下你看不到的，有疑惑難解的時候，不要怕尋求第二個，甚至第三個專家的意見。

我當時雖然聯絡不上郭醫師，可是如果我具備一些普通醫學知識，在有疑慮、難決定的當下，緩一下，不要立刻做出決定，冷靜地尋找第二個專家的意見，甚至當時白天雖然聯絡不上郭醫師，但等到晚上或第二天，情況就改變了，或許我內人的生命不會就此轉向。當今的詐騙集團，也都是在營造緊急氛圍，讓你必須急迫做出不理智的決定，犯下錯誤，希望我這個慘痛的故事對你有幫助。

尾語 3

希望你沒有
白白受苦

當生命和投資在轉捩點，你怎麼應對？

內人像小天使，讓我在生命中，
以她的早逝做為最美麗的禮物，不至於在追求財富時，
失去了生命中最重要的探索。

2003 年美東的冬天特別冷，早已期盼春節的假期，可以飛到那有暖暖冬陽的台灣東部。但一月初台灣的電話打亂了思緒和計畫。內人告知，下體大量出血，已有一、兩天了，準備住院。之後每天的查詢，得到的都是令人失望的答案，在醫院還是止不住血，要轉送三小時車程的花蓮慈濟醫院。轉院前一晚，是美東的白天，上班前，我站在客廳，深深吸了口氣，撥了電話，企盼有轉機，但狀況依舊。

她說只剩一口氣了，我說堅持住，等我回來。不知不

覺地告訴她這一年來心中的祕密。我說：

　　還記得在美東時，去看婦癌科 A 醫師的那夜。回家的
時候，攙扶著化療期間衰弱不堪的妳，走過停車的對街，
一路上妳淚流滿面。我不斷鼓舞著妳生命的鬥志。那個深
夜，躺在地板上的我，望著窗外的月亮，心中合十祈禱，
讓上蒼用我的陽壽，換取妳多一點的生命。如果生命可以
如共同帳戶一般，妳想用多少就取多少；但繼而一想，若
真有生死判官，生命真能轉帳，也總要有個數，否則判官
何以記帳。我就像小時候扮家家酒般，認真地說，那就至
少十年吧。

　　為了取信電話中的妳，我的禱告特別有效。我還說，
就像小學參加合唱團，走音的人總是焦點。我不常祈禱，
聲音一定不悅耳。眾弦俱寂時，我是唯一的高音或雜音。
這雜音一定容易讓人側耳，直達天聽。

　　祕密說完了，才發現我的聲音已哽咽，二十年來第一
次讓內人聽到我的落淚聲。男人不落淚，只是未到傷心處。
不知是不是訣別，我輕聲問，身後骨灰歸於何處。她的回
答和我猜的一樣：台東佛光山的日光寺。早已聽她提及，
盤在大廳的佛像前，戶外的日光傾灑其間，倍感平和安詳。

這次返台，直奔醫院。進了病房，在屍弱的內人臉上親吻，她都沒有察覺。四天後，目睹醫生在她肚上消毒，用剪刀戳破膿包。疑似血水，像地泉般噴湧而出，可見它在肚內的壓力。

數天後，我在花蓮買了房子（就是我在視頻中，那戶鳥瞰高爾夫球場，以及寬闊大海的住房），親友以為是一時衝動，我說是因緣俱足。多年的南來北往，覺得花蓮是個好的中間點和休息站，又有好山好水。再則，我得趕快有個據點，充分的休息並處理在美的工作。房子也彷彿給人帶來了些許生命力，她知道最困難的時候，會有人與她相伴。她頻頻問，房子是什麼樣的。一週後，在大夥的攙扶下，她看到了我們在台灣的第一棟房子。她臉上泛著淚光，我不知她想什麼，但我知道，能握住她手的時間，是越來越不確定了。當她的手從我的指尖滑落時，我希望無憾，尤其別在她踽踽獨行的最後行程。

生死別離，都是我們一生中要面臨的功課，猶記得內人有一陣子瘦弱到無法下樓上救護車，我把她抱下來，她那個神情至今難忘。沒有死亡的恐懼，而是「在我懷裡眞好」的那種滿足。猛一回頭，這大約是 2004 年初的事了，幾個月後，內人過世。

🔍 蘇東坡的憶亡妻：不思量，自難忘

　　我滿喜歡的一位作者，是劉順仁教授，他的一本獲獎著作《財報就像一本故事書》，讓財報和故事、人文、歷史、管理做了連結。他的幾本書都可以讀到那份溫文儒雅和人文的關懷。他有一本書提到，前往某家特色旅店跟大廚的相遇，我也是唯一在這本書上看到他們賢伉儷的合照。在他夫人的臉龐，我彷彿讀到了和內人相同的善良和清純，一種非常特別、天使般的氣息。我當時在想內人和劉夫人如果有機會相遇，她們應該很投緣，若干年後，我在《財報就像一本兵法書》的尾語謝詞，驚訝地看到劉教授提及，他在 2017 年 6 月已將太太骨灰灑在法鼓山的生命園區了。他未來的人生志向，是作育英才，造福他人（忘己利他，照千一隅）。

　　劉教授的筆觸，總是那麼的紳士溫柔，他寫到：「將回憶和感恩揉成思念，點點滴落在婉菁所棲息的佛陀蓮花池裡……妳是蓮花，我是老翁，他日相逢曾相識。」

　　你我每個人，回憶身邊已逝的重要的人，都有不同的思念和情感的表達，我想起了深受大家喜愛的蘇東坡，悼亡妻王弗的短文，之所以感人，也是來自於至情至性，我們和親人陰陽兩隔後，若有可能再度相逢，是相逢（應不

識），還是相逢（曾相識）呢？

蘇軾《江城子・乙卯正月二十日夜 夢》

十年生死兩茫茫。

不思量，自難忘。

千里孤墳，無處話淒涼。

縱使相逢應不識，塵滿面，鬢如霜。

夜來幽夢忽還鄉。小軒窗，正梳妝。

相顧無言，惟有淚千行。

料得年年斷腸處，明月夜，短松崗。

蘇東坡的「不思量，自難忘」，年輕時的我，很難理解。不思量，自然會淡忘，怎麼反而會變成難忘了？這恐怕是身歷其境的人，才會有的感受。有時夠痛，相處得足以刻骨銘心，無需刻意去思念，就難以忘懷。因為它已在你生活中，隨時不經意地進入腦海，因這已是自己生命中的一部分。

內人和劉教授夫人都是六月離開，六月是天使回天庭報告的時間嗎？這是她們生命的轉彎點，也是我和劉教授人生的轉捩點，我看劉教授在他的書上提到，他「發願，餘生將以忘己利他之心，盡力栽培可以照亮周遭的人才，

因為人才放小光明，人傑放大光明」。

　　我則是目睹了內人長期住院。你我許多人往往猶如把人生的優先次序做了錯誤的配置，卻又身在其中，看不清楚自己的迷失和盲點，一直到代價已鑄成，時間也錯失。我該不該站在自己曾摔跤的洞口旁邊搖旗吶喊，告訴來往的行人離開或注意它？

　　何以是人生的轉捩點？我從重心只在工作，全力注重金錢成長的一位基金管理者，被迫要學習放緩腳步，有較多人生面向的思考，也開始關注人生的大哉問：金錢是生命中的唯一嗎？如果是，為什麼那麼多人得到了金錢卻失去了快樂，甚至還失去內心的寧靜？

　　如果金錢不是人生唯一的財富，那什麼才是？你怎麼思考這些人生的大哉問？

　　轉捩點，必然是較大轉變的那個關鍵點，我開始去了解身體運作的原理，內人過世後，這18年除了牙醫，我很少看病，當然器官的老化無可避免，但對飲食保健，比以往更注重，甚至肌耐力的訓練，也比以前多，只要偷懶的念頭一起，我就會在內心告訴自己，辛苦一下和臥病房，選擇一個。

　　在推廣預防醫學方面，我成立了一家不賺錢的蔬食店，我還到果汁店學習如何製作好喝的果汁、精力蔬果昔、綠

拿鐵等，我幾乎有宗教般的信仰，在課堂上關注和找機會推廣這些預防醫學。許多人無法理解內人已過世 18 年，我當時的那股熱勁應該已消失殆盡，何以屢敗屢戰？

🔍 均衡追求的重要性

寫稿時，看到一則新聞，或許這就是你我共同的答案，差別只是大推力和小力量，背後的動力和支持則是非常相近的。好萊塢巨星基努・李維（Keanu Reeves），為熱賣新片《駭客任務 4：復活》積極宣傳，媒體披露他曾經將這個系列作品的 70％片酬，約新台幣 9 億元捐出，主要的原因是基努・李維過去 10 年的時間，陪伴妹妹抗癌，理解病患家屬焦慮等待的心情，所以創立基金會，將片酬捐給血癌治療研究機構，希望能夠幫助更多的癌友。

我也是陪伴病人的時間夠久，看到了問題的所在，內人在過世前兩年，活得辛苦，也走得痛苦。她的早逝，有我們對醫療保健知識的不足、長期的生活飲食方式不正確，也有醫學的盲點和瓶頸，以及醫師的誤診等問題。

過去我不停地問，何以至此，孰以致此？尤其是陪伴妻子走過死亡的幽谷，目睹那求生不得，求死不能的病痛折磨，唯有親身目睹，才知道什麼叫人間煉獄，那種椎心

之痛，我想世間少有人能夠承受。如果這不巧發生在別的家庭，以過來人的體驗，都有萬般的不捨和不忍，因為這種痛，無人能替，也難以承受。

一個能夠免除病痛折磨的，才是真正擁有財富和幸福的現代人。能否讓別的家庭避免，不要重複我的錯誤？如何讓醫療保健的知識普及每一個家庭，進而有正確的生活飲食觀念，以及面對目前的醫療系統和治療應有的正確態度？這絕對是難題，而且艱鉅。

你或許也曾聽過健康是銀行存款的比喻：健康是第一個數字的「1」，其他如地位、財富都是跟在後面的「0」。「1」沒了，後面再多的零也毫無意義；但有這種體會時，也通常是失去的時候。

身為投資管理者，多年的努力無非是想為客戶多創造存款簿上的數字。然而，隨著妻子的早逝，目睹病痛對她的折磨，警覺到完整的財富應該還包含無形的資產，如健康、情義，但現今忙碌世俗的社會都以有形的財富，如金錢、地位，來衡量一個人的成敗，但0怎麼可能大於1呢？

錢不是萬能，但沒有錢常是萬萬不能。這無須迴避，只是想提醒：**均衡追求的重要性**。

內人在對抗病魔的一生中，美好的仗已打完。說美好，是她用盡了全力。像小草，大雨來時任它澆，雨停了又站

直腰。她歷經 8 次大小手術,例如:經皮膚穿過肝臟再到膽管的引流、肺積水插管的引流,以及腎臟插管引尿,且需每月更換的這類小手術已數十次。連資深的外科醫生都以佩服來肯定她勇敢面對病魔的打擊。

　　回想每一次大小手術所帶來的痛苦和折磨,手術前心靈的焦慮、掙扎和懼怕及手術清醒後所帶來難挨的痛楚,她竟一關一關的闖過。強韌的生命力令人佩服。

　　但也請你記取,我們在醫學知識的不足和面對醫療決策所犯的錯誤。許多切膚之痛讓我放棄對內人病情的隱私。若能讓讀者更注意和多一份熟慮,避開錯誤,是我最殷切的期盼。

🔍 國王的故事

　　王鼎鈞先生曾經講過一個讓我印象深刻的故事,大意如下:

　　有個國王一直想知道人生的意義是什麼,為什麼要活在世界上?

　　國內最有學問的人為他寫了一本書,但他一直沒時間看,在他重病後要求寫書的那位智者,把答案濃縮成一句

話，讓他死之前解開心中的謎團，智者在他耳朵邊低聲地說：「人生，就是上帝叫一個人來到世界上受苦，然後，他死。」

這故事所延伸想要表達的意涵是：「前人受的苦，後人不再受。」

聖經說：「一粒麥子不落在地裡死了，仍舊是一粒；若是死了，就結出許多子粒來。」來美多年的辛苦奮鬥，待有點成果時，內人卻匆匆且辛苦地走完了短暫的一生。那些痛苦的畫面，讓我覺得有推廣疾病預防的必要。內人李永珍若是一粒種子，埋在我的心中，希望她的故事和我們的努力，能讓你也變成自己家的一個種子，充實疾病預防的知識，進而身體力行，讓你至親的人能免於疾病的摧殘。

內人的早逝，我也曾傷痛和懊惱，她是娘家唯一會暈車的人，卻遠嫁美國，如果我當年不要在愛情長跑中，擊敗情敵，擄獲芳心，讓她平靜地留在台灣的生活環境，何須面對異國天空下，生活艱辛的挑戰。婚禮上每一位做父親的，把女兒交到女婿的手裡，幾乎都會叮嚀的說一句，請好好照顧她。每每思此總是諸多感觸。

寫這本書，談到了財富的歸宿，我也想做點有紀念性

的一件事，今年會在她逝世的那一天，把多年來的積蓄，原本可以帶她去世界旅遊的旅費，分成兩個小基金，每年孳息用來資助一些生命中頗受挑戰的朋友。不需要公益基金那麼龐大，也可以做一點貢獻，孳息成長的部分，我把它分成 3 部分，一個是給某團體購買勵志書籍，一個是某公益團體課後輔導學生的營養餐費補助，另外一個是某兒童之家每年歲末的進步獎金，另外一個帳戶以岳父和岳母的名字命名，謝謝他們，給我一位這麼善良的女兒。

　　許多朋友都以為我仍有罣礙，怎麼這麼多年還無法放下對內人過世的諸多記憶。其實不然，那是早期的幾年，後來是深有感覺，**她是老美口中所說「上帝送來的特殊禮物」（godsend），她像小天使，讓我在生命中，以她的早逝做為最美麗的禮物，不至於在追求財富時，失去了生命中最重要的探索。**她用生命讓我見證什麼是人生，也像《維摩詰經》中天女散花故事般，不斷標註和提醒我，仍有諸多未通達和需要精進完善的地方。

　　我的疼痛已逝，代之而起的是感謝和懷念，她像彩蝶，也像天使一樣翩然而至，卻又溘然而去，我已經欣然接受她的來與去，如果有一天我的生命不虛此行，除了父母親，她是重要的推手，希望她沒有白白受苦。

追思會上照片的挑選，這張是排名第一，大家都喜歡和懷念她這燦爛的笑容。

有一年旅遊，
逛上了商場，
戴上墨西哥大扁帽，
永珍依然上相。

西點軍校當年還可以自由出入，也是我們常去的一個景點，此時的永珍已是病後調養，難以恢復昔日的健康狀況。

我的生命裡有你　真好
感謝你的照顧　鼓勵
感恩你的扶持　疼惜
來世若能再度相逢
別說我們似曾相識
你確曾陪我走過
一段溫馨的路

李永珍　感恩
關又上　代筆

這張照片是我在永珍追思會上給朋友們的一張留念照，文句是我為她代筆。
背景是台東著名的東河橋，也是我們談戀愛時帶她一遊的地方，撫今追昔，諸多感觸，但這就是人生！

www.booklife.com.tw

reader@mail.eurasian.com.tw

商戰 222

全方位理財的第一堂課：
你一生必學的五大財務規畫

作　　者／闕又上
發 行 人／簡志忠
出 版 者／先覺出版股份有限公司
地　　址／臺北市南京東路四段50號6樓之1
電　　話／（02）2579-6600・2579-8800・2570-3939
傳　　真／（02）2579-0338・2577-3220・2570-3636
總 編 輯／陳秋月
資深主編／李宛蓁
責任編輯／林淑鈴
專案企畫／賴真真
校　　對／闕又上・李宛蓁・林淑鈴
美術編輯／林韋伶
行銷企畫／陳禹伶・黃惟儂
印務統籌／劉鳳剛・高榮祥
監　　印／高榮祥
排　　版／杜易蓉
經 銷 商／叩應股份有限公司
郵撥帳號／18707239
法律顧問／圓神出版事業機構法律顧問蕭雄淋律師
印　　刷／祥峰印刷廠
2022年6月　初版
2024年8月　18刷

定價440元　　ISBN 978-986-134-418-8

大家常常以為知名投資人是天生好命，活在一個財富與特權的繭中，與逆境絕緣。但我和這種投資人相處過不少時間，見過他們遇到的麻煩和悲愁。莫赫尼什・帕布萊表示，所有頂尖投資人都有一個不可或缺的特點：「有能力承受痛苦。」

——《更富有、更睿智、更快樂：投資大師奉行的致富金律》

◆ **很喜歡這本書，很想要分享**

圓神書活網線上提供團購優惠，
或洽讀者服務部 02-2579-6600。

◆ **美好生活的提案家，期待為您服務**

圓神書活網 www.Booklife.com.tw
非會員歡迎體驗優惠，會員獨享累計福利！

國家圖書館出版品預行編目資料

全方位理財的第一堂課：你一生必學的五大財務規畫／
闕又上 著 . -- 初版 . -- 臺北市：先覺出版股份有限公司，2022.06
368 面；14.8×20.8 公分 -- （商戰系列；222）

ISBN 978-986-134-418-8（平裝）

1. CST：理財　2. CST：投資

563　　　　　　　　　　　　　　　　　　　111004175